AF260237

A. THIERS

ANCIEN PRÉSIDENT DE LA RÉPUBLIQUE FRANÇAISE

LE

SCEPTRE DE L'OPINION

PAR

LE COMTE ALFRED DE LA GUÉRONNIÈRE

« Gouverner c'est prévoir. »

PARIS

ERNEST LEROUX, ÉDITEUR

28, RUE BONAPARTE, 28

1876

A. THIERS

LE SCEPTRE DE L'OPINION

IMPRIMERIE E. HEUTTE ET Cie, A SAINT-GERMAIN.

A. THIERS

ANCIEN PRÉSIDENT DE LA RÉPUBLIQUE FRANÇAISE

LE
SCEPTRE DE L'OPINION

PAR

LE COMTE ALFRED DE LA GUÉRONNIÈRE

« Gouverner c'est prévoir. »

PARIS

CHEZ ERNEST LEROUX, LIBRAIRE-ÉDITEUR

28, RUE BONAPARTE, 28

1876

PRÉFACE

« Les choses parlent assez d'elles-mêmes : quand je les considère j'entre dans
le désir de me taire. »

BOSSUET.

Commentaire. Les œuvres valent mieux
que le discours.

Nous venons tenter un genre nouveau de biographie historique. —
Négligeant les détails secondaires, presque toujours fastidieux, l'auteur
placera les personnages de sa galerie au sommet culminant, d'où l'on
peut mieux embrasser le champ de leur carrière : tel est le point de
vue le plus propre à montrer, dans ses divers aspects, l'action bonne
ou mauvaise, propice ou funeste aux peuples dont la grandeur ou la
décadence sont l'enjeu et le quotient. — Le crayon fantaisiste fait
place au miroir réfléchissant la ressemblance, à la lumière des faits
qui donnent l'expression accentuée à chaque physionomie. L'attention, l'intérêt ne s'attacheront plus qu'aux grandes lignes qui forment
en quelque sorte le plan horizontal de l'avenir. Le moment est solen-
nel : outre le sort de la France, chacun pressent qu'une nouvelle
carte du monde va sortir des événements ; ils dessinent leur silhouette
visible à l'Orient. Cette fausse situation reste le triste legs de l'empire.
Voilà ce qu'il importe de ne pas perdre de vue. Sedan fut le Zama de
l'histoire moderne. Mais le vaincu, qui n'avait pas l'âme d'Annibal,
ajouta à sa défaite l'humiliation de sa dégradation par sa propre main.
— Comment caractériser cet hommage fait par Napoléon III en personne, au château de Bellevue, de son immobile épée au Scipion germanique ?

C'était Guillaume, roi de Prusse, le fils vengeur d'Iéna et d'une mère
adorée [1].

Des généralités oiseuses, non moins que la vulgarité domestique,

---

1. La belle Louise de Prusse appelée par le peuple : la mère du pays.

seraient un hors-d'œuvre. Notre plan l'exclut. Il y a deux genres de renoms. En face des hommes que la naissance, *a principio*, prédestine à une grandeur qui souvent n'est que passive, apparaissent les élus qui, au lieu de tenir leur titre de l'écusson généalogique, s'en créent un par leurs actives œuvres.

Les uns et les autres ont devant eux le Capitole à gravir; mais la valeur personnelle en forme les degrés. La fortune qui a dominé toutes les autres fut toujours celle du génie : il est le plus beau don que puisse départir le ciel. — Deux sortes de préséance arrêtent le regard : l'une, purement héréditaire, se trouve, par cela même, dans les langes de l'enfant qu'illumine l'étoile des ancêtres; l'autre n'a eu d'autre investiture que la vertu des œuvres, alors qu'on leur doit tout. C'est le plus grand signe de force sous le diadème de la gloire non héritée, mais acquise.

Nous allons ouvrir cette galerie par l'homme qui restera le type phénoménal des premiers hommes d'Etat de la France, car il n'y a pas de carrière qui ait décrit un si vaste et imposant cours. Chacun a sur les lèvres le nom de M. Thiers, avant qu'il ne soit placé sous notre plume. Enfin, une autre considération prescrivait de préluder par le tableau du dernier lustre quinquennal de notre histoire dont les circonstances font un à-propos.

C'est pour l'étranger un scandaleux problème de voir le parti impérialiste rentrer en scène. Insoucieux des ruines qu'il a accumulées derrière lui, il s'est remis à chercher dans ces décombres les matériaux d'une baraque nouvelle à enseigne trompeuse. Les vents de la défiance, du ressentiment de l'Europe l'auraient bientôt emportée sous l'avalanche d'une nouvelle et inévitable guerre. Il faut que le peuple ne soit pas abusé pour une catastrophe qu'il arroserait de son sang, sur les ruines fumantes de ses toits, sans compter que la nationalité pourrait être mutilée encore. On ne saurait remplir une plus haute et populaire mission, que de mettre en garde les campagnes surtout, contre les publicistes qui travestissent l'histoire. Ils dénaturent les actes, noircissent les plus beaux caractères : ils confondent, dans un commun anathème, M. Thiers le Sauveur, comme le marquis de Franclieu, le chevalier de la vieille royauté. M. Savary, le courageux Cicéron dénonciateur de ces complots, est éreinté par une presse impudique, auxiliaire de l'homme de Sedan, non moins que M. Renault, incorruptible comme L'Hôpital. C'est l'hécatombe de la haine déguisée en Tartuffe de conservation, relevant le pilori de l'injustice dans la boue de l'empire. Tout est bon à ces incorrigibles audacieux : ils prennent les places de la République. Est-ce pour la servir? Fi donc! il s'agit bien de cela. Vienne une occasion, on verra ces loyaux féaux sous une autre cocarde. Que ne doit-on attendre de caméléons qui, pour devenir pensionnaires illicites, se créent des titres par de fausses infirmités? La cour des miracles, si bien peinte par Victor Hugo, n'offre rien de pareil. Combien de ces d'Artagnan, après avoir sollicité des faveurs de M. Thiers, pour eux alors l'homme providentiel, ont érigé l'ingratitude en dogme! Aujourd'hui insulteurs, pour redevenir demain adorateurs du soleil levant. Voilà un ordre moral peu propre à servir d'exemple à la moralisation populaire!

Revendiquer les principes, placer les hommes et les choses dans leur vrai jour, voilà ce que nous nous proposons dans le plus complet détachement de la faveur, d'où qu'elle vienne! Nous n'y avons jamais visé, nous répudions d'avance le bénéfice des éventualités.

Le plan suivi est nouveau.

La biographie qui met en scène chaque individualité se complète de l'esquisse historique des faits du cercle dans lequel elle se meut. Le laurier se trouve à côté du cyprès, La gloire des uns aura pour ombre l'infériorité et le tort des autres. Les portraitistes sont les postillons de l'histoire. Elle imprime son sceau séculaire sur les faits et les actes qui s'appellent Leipsick, Waterloo, Sedan, ou dans l'ordre purement politique, le 18 Brumaire, le 2 Décembre, le 24 Mai. — Le sophisme n'a qu'un règne éphémère et la vérité a toujours le dernier mot. Voilà la consolation qui se trouve rejaillir de la philosophie des faits. — La carence du 24 mai a mis dans une déroute sans ralliement la téméraire croisade. Quoi de plus propre à glorifier celui contre lequel elle fut dirigée.

Notre galerie s'inaugure par M. Thiers, proclamé le premier des Français contemporains. Nul autre n'a autant pensé, parlé, agi. Il a débuté à la vie publique par le monument des annales de la plus dramatique et féconde période de l'histoire. C'était le portique majestueux des grands achèvements qu'il devait y placer à son tour. — C'est à ces titres uniques que la France l'a proclamé son favori : le sénat des intelligences européennes répète et sanctionne l'arrêt national. A peu de distance de l'arène où les élections vont décider de notre avenir, beaucoup s'apprêtent à suspendre à l'autel de la *République conservatrice* l'ex-voto de leur ineffaçable reconnaissance pour celui qui en a été le grand planisphériste. — Nouveau Newton, il en a découvert et révélé les lois et l'harmonie. Ainsi tomberont ces préventions, ces fausses idées qui ont fait miroiter et égaré, contre son gré, la France dans tant d'équivoques aujourd'hui abjurées par les inventeurs. C'étaient des politiques de pacotille qui prétendaient éclipser le soleil. — S'ils eussent daigné, ces sauveurs avortés, voir, entendre, s'ils eussent pris le soin de se rendre un compte exact de la situation, ah! leur présomption se fût arrêtée court. Au lieu de cela, on a caressé des rêves devenus des cauchemars quand l'étouffement s'est fait sentir, soit par manque d'azote intérieur, soit sous l'étreinte des complications extérieures, alors comment y a-t-on échappé? C'est en s'empressant de venir respirer dans l'air qu'on avait déclaré pernicieux, parce que la République, seul gouvernement possible, suivant l'estimation de M. Thiers, en avait si bien avivé la France, que la phtisique de 1871 était redevenue la forte nourrice du commerce, de l'industrie, de la régénération nationale, sous la main du grand docteur : Thiers. Que ceux qui ont pris si étourdiment la responsabilité de l'interruption dont le 24 mai a donné le signal, règlent ce compte avec les électeurs de 1876 : c'est affaire entre eux.

Beaucoup seront renvoyés à leurs méditations. Bien différente est l'ère de l'ivresse des illusions de celle de l'expiation !

Aujourd'hui ce que réclame l'heure, c'est le bilan des titres actifs et passifs. La République est clémente. 1870 fut digne de 1848. Devant ces souvenirs où ne se rencontrent pas une goutte de sang, l'ombre d'une violence, que deviennent ces déclamations surannées contre les *proconsuls* anodins du 4 septembre ? — Tout beau, proscripteurs et massacreurs du 2 Décembre 1851 ! gardez les souillures de votre histoire, pas un seul débris ne doit vous en être dérobé. Il y a mieux que des symptômes, mais des actes, pierre de touche infaillible pour distinguer le faux du vrai, les trompeurs funestes, des amis jaloux des droits, du progrès du peuple. — Il saura bien écarter les démolisseurs ou les révolutionnaires qui, sous le masque de révisionistes conservateurs, lanceraient aux écueils le navire national.

Le candidat qni méritera le regard est celui qui abordera la lice, visage découvert. Il n'y a plus accès à ces vagues lieux communs, au moyen desquels on se dérobe.

Non, le peuple ne saurait admettre, sans se suicider, que son élu puisse aliéner ou restreindre les libertés conquises et engager le sort national sur l'aventure des batailles, crime irrémissible sur la mémoire des Napoléon.

L'auréole que le passé a mise au front de M. Thiers dégage un nouvel éclat de sa retraite volontaire d'un pouvoir qu'un ambitieux n'eût pas manqué de retenir. Ce qui serait disgrâce des hommes vulgaires qui n'ont d'autre valeur que celle empruntée aux oripeaux de leur charge, est la gloire de ceux dont le génie perpétue l'influence au sein des ovations publiques. Elle s'impose finalement par la voix du peuple : il échappera à l'acapparement des coteries pour se grouper autour de l'avertisseur patriotique dont les prédictions ont devancé l'événement, leur indéniable et trop écrasant commentaire. Ainsi est-il arrivé pour le coup d'Etat du 2 Décembre, la guerre du Mexique, les désastres de 1870, 1871, la faillite du but qu'a poursuivi le 24 mai. Nous pouvons résumer notre pensée dans celle exprimée à un diplomate étranger d'accord avec nous : aucun souverain n'offre un plus beau modèle au pastel d'un peintre biographique.

A. THIERS

LE SCEPTRE DE L'OPINION

Au plus digne.
(ALEXANDRE-LE-GRAND.)

Le vrai pouvoir des sociétés humaines
c'est l'intelligence... C'est à elle à former
ce que l'on appelle le gouvernement, et il
doit être confié à ceux qui ont le plus de
savoir.
Le chancelier BACON.

Quelle profondeur de vérité dans les épigraphes que nous plaçons au frontispice de cette étude. Il suffirait qu'avant chaque vote, celui qui le dépose en illuminât sa conscience, et la France serait à jamais préservée du charlatanisme d'incapacité d'où sont sortis ses malheurs. En effet, il y a une puissance intellectuelle au monde, il y a une opinion plus forte que le sabre et le canon : ce que les Napoléon n'ont pu faire avec leurs armées, il était donné à deux hommes, interprètes éloquents de la conscience humaine, de l'accomplir. Tous les deux ont sauvé la France par la paix. L'ascendant de leur supériorité agit et racheta des conséquences de la défaite que n'avait pu empêcher le maréchalat. L'axiome *cedant arma togæ*, les armes le cèdent à la toge du génie politique, n'a jamais trouvé une plus juste application.

I

La grande figure dont nous voulons reproduire les traits les plus saillants est sans parallèle. — Le jeune publiciste fait ses premières armes, avec Armand Carrel, dans le *National* voué à la défense de la charte. C'était le pacte de l'antique royauté offert par la main de Louis XVIII à l'esprit des temps.

Pour leur malheur, les royalistes, à leur retour de l'émigration, ne se retrouvèrent pas les torys dont la force fut le libéralisme en action. — La polémique, quelque champ vaste qu'elle offrit alors, ne pouvait absorber le fécond publiciste. Bientôt surgit l'historien de la révolution, un des plus grands événements du monde. Il fallait le fil de cette nouvelle Ariane, qu'on appelle la logique, pour ne pas se troubler et se perdre dans ce labyrinthe, où le crime et la vertu, l'abjection et la grandeur devaient rencontrer le même échafaud.

Pendant que le Directoire joue l'équivoque, sous Barras, le sybarite, le vainqueur des Pyramides fait de sa gloire le linceul de la liberté.

Alors commence la période conquérante d'un nouvel Alexandre, dont M. Thiers sera à la fois le Quinte-Curce ou plutôt le Tacite. — Mêmes netteté de style et profondeur d'observation.

Ainsi s'explique chez l'homme d'Etat ce discernement puisé aux leçons de l'histoire. La révolution et l'empire roulent des tourbillons où l'idée, le glaive, — les principes, les paradoxes, — les passions et les intérêts s'entrechoquent en jonchant leur route de ruines et de victimes. On touche à tout ce qui remue l'âme, instruit l'esprit, domine les hommes. Il faut autant de sagacité que d'art pour distinguer les ressorts, et revêtir d'organes sensibles au vulgaire les mobiles si divers des acteurs qui se succèdent sur cette immense et dramatique scène. Le moyen, sans de profondes études, d'aborder une pareille tâche ! Bien plus difficile encore devait être celle d'architecte de l'édifice que l'historien, futur chef d'Etat, était préposé à relever du sein des ruines 1870-1871. La rectitude du jugement pour une telle mission est l'alliage qui doit unir les indispensables qualités qu'elle exige. Rare phénix est l'homme d'Etat véritable !

Si la supériorité reconnue était seule intitulée aux faisceaux du pouvoir comme en Angleterre, nous n'aurions pas eu à gémir de nos derniers désastres. Il était si facile de les prévenir, il suffisait de se tenir dans la voie tracée par M. Thiers. C'est un de ses titres nationaux joint à tant d'autres. Si la France pouvait l'oublier, ce qu'à Dieu ne plaise, l'Europe le lui rapellerait par l'hommage universel de ses plus autorisés gouvernants. Au moins, que ce souvenir se dresse comme un phare pour montrer les écueils de l'avenir ! Il en coûte cher aux peuples, quand, aux guides resplendissants sous le mérite de l'œuvre, on substitue les météores constellés d'espérances bien vite évanouies. Des cochers inexpérimentés précipitent, trop souvent, dans le fossé le char qu'ils se flattaient de conduire. De même la médiocrité va plutôt à la roche Tarpéïenne qu'au Capitole. L'histoire n'a qu'un trop long nécrologe de ces chutes. C'est ainsi, par exemple, que les murailles de cette Babel tentée au 24 mai sont tombées d'elles-mêmes. Quel amas informe de tous ces plans ; pure illusion ! Encore si on en avait fini avec les défiances semées, avec les difficultés créées, à l'extérieur surtout ! Il en est sorti un nouvel esprit à notre encontre : ce n'est plus seulement sur les bords de la Sprée, il se révèle partout : hier encore c'était une surprise que l'Angleterre ménageait à M. le duc Decazes, au sujet des Suez[1]. Avec un de ces curateurs de l'intérêt français, de la force de lord Derby et du sagace B. Disraéli, ce parvenu de génie au gouvernement de 300 millions d'hommes, suivant toute probabilité, les choses auraient suivi un autre et plus satisfaisant cours.

Cet éminent esprit offre un des plus rares écrins que la nature et l'art se soient plu à former : à lui permis d'être prodigue, car la mine de sa richesse est inépuisable. La multiplicité de ses ressources, de ses solides connaissances, semble un kaléïdoscope. Le matin dans le tête-à-tête du cabinet, le soir dans les conversations sur les sujets les plus variés, comme à la tribune, dans les bureaux, à l'Académie, partout, il exerce d'autant plus d'empire qu'il met dans sa supériorité le naturel attractif de la persuasion. Cette spontanéité du verbe étincelant s'allie à une grande domination de la pensée, dont ce merveilleux discoureur reste absolument maître. Ainsi s'explique comment il resserre ou étend à son gré les lignes des questions engagées.

Le portrait, en ce qui se rattache à la physionomie (signes révélateurs) proprement dite, a été fait si souvent, sans parler de celui que nous en avons esquissé nous-mêmes, qu'il serait superflu d'y revenir. — Il suffit d'en détacher deux particularités, l'éclair perçant du regard scrute l'âme de son interlocuteur ; le volume du cerveau est exceptionnel. Ainsi César, Napoléon, Cuvier, ce géant de la science.

Nous nous attacherons surtout à dessiner les lignes qui constituent le côté moral de cet homme d'élite. On verra comment, chez lui, se combinent, avec tant de bonheur, la nature qui inocule le germe du génie, avec l'art qui le cultive et le développe.

---

1. M. le duc Decazes est un des coryphées du 24 mai : comme MM. le duc de Broglie, de Fourtou, il n'a eu que la fausse optique de la situation. A l'aurore d'un succès d'aventure, sur un prétexte dissimulant un but impossible, on se persuade aisément qu'on va tout dominer. Mais autre chose est une trame da coulisse, au moyen de partis coalisés sans cohésion, ou de confronter la rivalité étrangère. Pour cette tâche, il faut un homme d'Etat : le simulacre ne le remplace que pour les solliciteurs.

II

Les traits saillants : esquisse politique et morale.

Une grande promptitude à saisir tout sujet, un esprit spontané et profond à la fois, habile à reconnaître la meilleure solution, jusqu'au sein des conjonctures les plus inextricables ; la hardiesse de la conception, la prudence dans l'exécution ; ne se laissant jamais décourager par la difficulté des obstacles : le visage ne réfléchit pas l'émotion de l'âme. On dirait l'imperturbabilité celtique recouvrant l'impressionnabilité méridionale sur le fonds de la sagacité française.

C'est ainsi qu'on peut s'expliquer cette faculté de découvrir les lointaines éventualités cachées à l'homme d'État borné à l'horizon du jour.

On a cité les bons mots du prince de Ligne, de Frédéric le Grand, de Talleyrand. Voilà un nouvel astre dans ce ciel de l'esprit qui projette au loin ses clartés. Encore de ces auréoles brillantes s'échappe un abondant fluide du sens pratique répandu dans le discours et l'écrit. Le soir, surtout dans ses salons, il faut voir le roi de l'étincelante causerie au milieu d'un cercle attentif. Cette diversion d'un grand esprit aux travaux qui ont rempli sa journée est la bonne fortune de son auditoire. Pour cet inépuisable magasin de pensées et d'aperçus que d'études, de méthode, sur un riche fonds de la nature ! Là se rencontre la vérité de l'adage : Chaque heure utilisée est la multiplication croissante de la valeur intellectuelle. — « *Laboremus*, travaillons. »

Aussi, grâce à cet emploi du temps, pas un événement, pas un livre. un sujet que n'illumine M. Thiers. Il a recueilli, lu, et se souvient, Cette mémoire est un musée infini : le tableau semble se détacher pour produire à propos son effet dans la conversation qui l'encadre. Ce n'est pas en vain qu'on le nomme : « le charmeur. »

Il faut être extraordinairement doué pour tenir ce sceptre de l'enchantement, captiver l'intérêt par la parole vive, variée, une gamme qui, semblable à celle de la musique savante, rend tous les tons de la pensée. — Comme Lamartine composant des centaines de vers, au galop de son cheval, eût pu les reproduire littéralement, mais il en variait la forme et les modulations, au fur et à mesure qu'il les écrivait, tant il était bien doué : — de même M. Thiers offre la magie d'une représentation qui, reprise chaque soir, redevient cependant nouvelle : encore n'est-ce qu'un éblouissement de plus qui n'efface pas ceux dont il continue la merveilleuse généalogie. — Tout se trouve et se succède dans ces causeries que n'a pu égaler le célèbre Pic de la Mirandole, dont on a dit qu'il parlait avec une égale facilité *des choses connues et inconnues.*

Cette définition serait défectueuse appliquée à celui objet de cette esquisse : il parle de ce qu'il a étudié et sait; mais il a le don de tout s'assimiler, car pour emprunter le mot charmant d'une femme de haut parage de l'aristocratie, séduisante par la grâce du bien dire : « Il est le Rothschild de l'esprit et de l'érudition. »

Au milieu de tant de diamants, qui rappellent la fée aux perles, s'échappant de sa bouche, jaillissent ces pronostics de l'avenir qui semble se dégager visible de l'appréciation exacte du présent et des causes qui l'engendrent. L'atticisme s'y mire dans la limpidité du langage que revêt cet étonnant causeur. Il attache ainsi la perpétuité du souvenir à ce qu'il caractérise dans une forme qui le grave.

Les légendes du moyen âge abondent en devins, sous le sortilége qu'on croyait surnaturel. Notre âge n'en reconnaît d'autre que celui du bon sens fortifié par l'étude, et l'observation dans ce livre du grand monde des esprits, des hautes intelligences, le plus instinctif de tous. Mais ils sont rares ces politiques de longue vue qui se placent au centre d'une situation pour en embrasser les aspects, en distinguer les ravins. Combien peu sont capables de peser les conséquences des partis, entre lesquels il faut savoir choisir le meilleur ! Dans les circonstances les plus fâcheuses, c'est un bien relatif d'éviter le pire destin !

III

Legs de l'empire : la guerre est son inexorable fatalité.

Telle fut la situation léguée par l'empire, où tout s'était abîmé dans la lugubre défaite de Sedan. Napoléon III préféra une capitulation à la chance qui ouvrait une sortie héroïque. Lamoricière, à Castelfidardo, où il avait été livré d'avance par le vaincu de Guillaume, força bien les lignes de Cialdini, qui opposait une armée décuple et disciplinée au héros de l'armée pontificale. Sous ces accablants souvenirs il est cependant d'effrontés aveugles qui viennent dire : que le salut de la France serait son retour au joug de la race qui l'a perdue, même pourvue du capitaine l'émule de César et d'Alexandre. Que peut-on attendre d'un Césarion, écolier de Woolwich, où celui-ci n'occupe qu'un rang médiocre? Eût-il le génie de la victoire, qu'il irait le briser, au choc des gros bataillons de l'alliance des trois dynasties : le souvenir de leurs disgrâces les réunit dans une haine commune contre le nom qui les leur rappelle. Voilà ce qui, affirmé déjà par tant de guerres, retentit incessamment aux échos de l'Europe. Ah! si, comme nous le faisons chaque matin, on y prêtait la moindre attention! — Encore un peu de temps, les abusés ruraux sauront à quoi s'en tenir; c'en sera fait de l'appel au peuple, cette grande moquerie qui n'est que l'expropriation de la souveraineté nationale : un mirage substitue la chimère à la réalité. La démoralisation la plus funeste consiste à faire applaudir le crime, à le légaliser par un vote surpris ou terrifié : « Qui monte au trône par le crime n'y règne jamais par la vertu, » a dit Tacite.

Il faudrait plusieurs volumes pour dérouler les phases de l'ample carrière de M. Thiers. Sous Louis-Philippe, qui n'eût pas péri s'il eût écouté son sagace avertisseur, celui-ci occupa les postes les plus importants. Il semblait qu'il fût l'homme le mieux adapté à chacun des ministères où il révéla ses aptitudes aussi variées que surprenantes.

Napoléon 1ᵉʳ a dit ironiquement que Sébastiani, toujours vainqueur eu Espagne, à en croire ses propres bulletins, le faisait tomber de surprise en surprise. Dans le sens opposé, voilà bien l'impression produite par M. Thiers. Les praticiens rompus par un long exercice au métier en étaient émerveillés : « Jamais homme pareil, » disaient-ils. Ce n'était pas l'adulation qu'emporte le vent de la fortune, mais l'acclamation de la vérité, puisque aujourd'hui, non-seulement en France, mais dans le monde entier, il n'y a qu'une voix sur l'universalité de cet esprit : il est consacré pour la postérité.

Spécialiste universel, le flambeau de cette intelligence reconnue sans analogue, éclaire chaque question. Les discours sur les sujets les plus variés sont là pour rendre taisant le critique le plus endémique de la race des Zoïles. Un seul a élevé ce monument le plus complet de nos annales parlementaires. La pensée qui s'y reporte se trouble. Oter le titre *uninominal*, pour emprunter le mot à la langue politique, on gagerait que c'est une œuvre collective. Oui sans doute, puisque les géants de l'intelligence, comme ceux de l'ordre physique, concentrent plusieurs forces.

IV

M. Thiers avertisseur, non démolisseur : les prophéties remords
de ceux qui ne les ont pas écoutées; de là leur rage.

Deux fois président du conseil, il ne cessa d'y soutenir, comme il l'avait fait à la tribune, la prédominance du gouvernement parlementaire sur la prérogative royale. Sa voix retentit en vain, la révolution de 1848 prouva qu'il avait vu juste et *parlé d'or*, de même que Chateaubriand au sujet de 1830.

Le système constamment soutenu par M. Thiers n'était que la logique du bon sens et la loyauté dans ses applications. Les grands esprits, tels que Foy, B. Constant, Casimir Périer, Berryer, Royer-Collard, Odilon Barrot, Garnier Pagès, Lamartine, Dufaure, tous ceux dont la France contemporaine s'honore défendirent la même doctrine quoique dans des camps divers. C'est qu'hors d'elle il n'y a que le prétorianisme des violences militaires dans une émeute des pronunciamentos espagnols. C'est la dégradation d'un peuple par ceux-là même auxquel il a remis le soin de son honneur et les armes qui devaient encercler, non briser ses droits.

Voilà ce qu'a senti, proclamé, appliqué M. Thiers, et c'est une des gloires de sa vie où elles rentrent toutes. Sous l'empire il en aurait été le génie préservateur, non comme adhérant à ce régime qu'il détestait, mais parce que Français avant tout, il a toujours su, s'élevant au-dessus de l'homme vulgaire, mettre de côté ses griefs, ses répugnances, pour éviter les écueils où sa chère patrie, la nôtre, devait naufrager.
— Hélas les choses sont toutes arrivées comme il les avait annoncées. O honte ! ô cynisme de la mauvaise foi, ses dénégateurs sont les calomniateurs d'aujourd'hui. Toujours on s'aveugle et l'on trompe ceux assez simples pour y laisser prendre leur foi, comme les capitalistes leur argent par les filets des syndicats turcs. Cette indulgence pour les erreurs des pouvoirs debout devient la peste d'un peuple. Elle devrait rester le discrédit des fauteurs au pilori de l'opinion. Le souvenir, voilà la marque rouge qui devrait en faire les *Outlaws*, les proscrits de leur accablante responsabilité.

Nous l'avons établi, lorsque le César de M. Rouher couvait notre abîme : à la suite de M. Thiers dont la grande voix tenait l'Europe attentive, nous n'avons cessé d'adjurer, particulièrement lors du plébiscite [1] de prendre garde : « La guerre, disions-nous, d'affreuses catastrophes. » Mais tous les Crispins attachés à la fortune de l'empire, prenant l'empereur pour un oracle, criaient à étourdir, à gagner les plus incrédules. C'est ainsi qu'on transformait la folle expédition du Mexique en une conception de génie qualifiée de la plus grande pensée du règne.

Cependant M. Thiers, du haut de la tribune les adjurant de ne pas se perdre, leur jetait cette péroraison à jamais mémorable :

« J'ai connu le beau-père de celui (Léopold, roi des Belges) auquel vous offrez la tentation d'une couronne, il avait beaucoup d'esprit : Eh bien, Maximilien en eût-il autant, en aurait-il plus encore, ce ne serait pas assez pour la tâche impossible que vous lui faites entreprendre. »

Quel commentaire vaut ce texte ? lui seul suffit à la glorification d'un homme !

---

1. Nos protestations d'alors se trouvent, *outre la politique nationale*, dans le centre-gauche et le *Moniteur universel* 1869.

V

Grands actes de M. Thiers et son noble abandon du pouvoir.

Chef du Pouvoir exécutif à l'époque la plus sombre, la plus désespérée de notre histoire, on sait ce que M. Thiers a accompli ; nous l'avons établi ailleurs. Nous résumons le croquis du rôle de ce dernier lustre, de 1870 à 1875. Là revient involontairement à la mémoire la remarque d'une grande souveraine, Marie-Thérèse, impératrice d'Allemagne : « En France où on épluche tout, on est bientôt déchu des applaudissements prodigués. C'est le monde. Au moins faut-il se tenir dans une assiette telle que cela ne puisse arriver par notre faute. » Certes ce ne fut pas celle de l'irréprochable libérateur.

Redevenu simple député, après être descendu du pouvoir dans la majesté du grand citoyen, il délaissait volontairement une souveraineté, tandis que d'autres qui ne sont pas montés au Capitole de tant de triomphes, prétendent s'y maintenir : « Je suis, parce que je suis. » — C'est un rare phénomène de vertu que le généreux abandon du pouvoir sur l'autel de la patrie. — M. Thiers l'a fait, se solidarisant dans le sort de ses ministres dont le vice-président était M. Dufaure, le garde des sceaux d'aujourd'hui, le prince des jurisconsultes de ce temps, le *vir probus, dicendi peritus*, un orateur, un travailleur rompu aux affaires, digne, en un mot, d'avoir la place sur la première marche d'un gouvernement honnête, réparateur, moral autant que libéral, à côté de celui qui est l'exception : Thiers.

Ils s'étaient compris, aucun d'eux ne voulant survivre à l'autre.

Le 24 mai, M. Thiers, dans cette manière où il excelle, faisant ruisseler la clarté, montrait toute la fausseté du prétexte sous lequel se dissimulait une politique de visées qu'on n'osait avouer. Ecartant les voiles, les équivoques, cette ressource des médiocrités plus ambitieuses que fortes, « il établit que la véritable lutte était engagée entre le gouvernement qui ne voyait de possible que la *République conservatrice*, et la majorité de l'Assemblée encline à la monarchie. Il mit les monarchistes au défi de réaliser leur rêve et de faire un choix parmi ces trois prétendants qui se disputaient un seul trône : il leur déclara avec franchise, que s'ils étaient la majorité dans la Chambre, ils ne représentaient plus la majorité du pays. »

M. Ernoul, essayant de répondre à un exposé qui n'était pas seulement véridique, mais prophétique, se rejeta sur les dangers du radicalisme, cette sornette de toutes les contrefaçons d'hommes d'Etat en détresse, il se garda bien d'aborder le vrai terrain de la lutte qui était celui de la monarchie à poursuivre sur l'enterrement de la République ; bien mieux, le naïf avocat du barreau de Poitiers, transporté comme par un génie, sur une hauteur où d'ordinaire on n'arrive que degré par degré, ne semblait pas s'être rendu compte des ressources avec lesquelles lui et ses associés pouvaient atteindre le but vers lequel ils allaient marcher. Cela témoigne de l'ardeur de leur foi bien plus que de la rectitude de leur jugement.

VI

Les deux écoles : l'une du libéralisme moderne ou de 89, l'autre du droit royal supérieur incommutable.

Voilà où est le poteau de séparation entre les deux écoles : celle de M. Thiers, toute nationale, historique, partant expérimentale, ne prétend aborder que ce que l'on peut humainement résoudre, amener à bien ; l'autre, celle mystique des saintes croyances, s'imagine que ce qui, à ses yeux, revêt le caractère divin, tel est le principe de légitimité, n'a pas besoin de supputer rigoureusement sa force humaine ; le secours d'en haut ne saurait leur manquer ; les textes sacrés leur viennent en aide et les empêchent de considérer les difficultés, pour ne pas dire les impossibilités que l'esprit du siècle a placées sur leur route coupée par des révolutions d'où sont sortis des intérêts qui font bonne garde. Ils oublient que les Stuarts et les Cavaliers ont gardé, cent dix-neuf ans, leur robuste foi attisée par leurs souffrances, l'exil, la persécution civile et religieuse. Où sont les Stuarts ? Le comte de Chambord, ceux rangés sous la bannière des lys ne sont pas moins édifiants dans leur fidélité. Cinquante-cinq ans ont passé sur elle sans l'emporter dans leur flot, mais la couronne dont le descendant du roi a pu, en 1873, ceindre son front, à la condition de l'agrafe constitutionnelle, la trouvera-t-il sous la profession du droit divin ? Quelle que soit la déclaration de ne vouloir qu'un gouvernement honnête et libre, dès lors qu'à la maxime de fonte anglaise, base du système constitutionnel : « Le roi règne et ne gouverne pas, » qui fut l'âme de la politique de M. Thiers, sous Char-

2

les **X**, comme sous la dynastie d'Orléans, dès lors qu'on substituera ce nouvel article 14 de la Charte, sous la formule : « Le roi règne et gouverne. » il y a une cause permanente de divorce entre la nation et le roi : l'arrêt sera un coup d'Etat qui oblige le peuple à se soumettre, ou une révolution. Celle-ci, envenimée par tant d'amères déceptions, ne renverrait pas seulement en exil la royauté relapse au dogme du *self government*, mais ouvrirait le cratère du socialisme, s'élevant sur cette dernière défaillance : ce sont les abus, les violations du droit qui poussent à l'abîme sous l'évangile de la force qui a pour conclusion :

Ainsi je le veux, ainsi je l'ordonne.

M. Thiers, lui, a une autre loi : aussi joint-il le précepte à l'exemple : la légalité, le respect aux institutions, voilà sa devise dont il ne s'est pas écarté un seul jour de sa longue carrière ! Chose étrange, lorsque le message, le 24 mai, apportait la remise du dépôt qui lui avait été confié, au lieu de l'en glorifier, à l'instar de l'Europe, l'esprit de parti s'est complu à dénaturer l'acte du plus sublime désintéressement. Que n'eussent pas dit ces sophistes, si celui dont la supériorité était tout le crime, leur eût opposé son droit strict se résumant dans la maxime, légale d'ailleurs :

J'y suis, j'y reste.

A notre sens, en voyant comme tous les grands hommes d'Etat ont agi en pareille conjoncture, le mieux c'est de dire : « La majorité qui s'est retirée de moi me prescrit la retraite. Je vous remets le faisceau du pouvoir, les ministres y joignent leurs portefeuilles. »

Voilà le devoir dans l'héroïsme de l'abnégation ! pas d'ambages, pas de ces feintes qui, tantôt mettent en avant le salut public, tantôt le bien de l'Etat, la défense de la société quand même. On ne se demande même pas si on le peut :

Moi seul, et c'est assez.

Mais c'est l'éternelle ritournelle des ambitieux ou des incapables : les hauts esprits ont des principes définis, c'est leur force et leur gloire ; les médiocrités y substituent le parti à tirer des circonstances ; c'est la ressource *in extremis* de ceux qui n'ont qu'un but personnel : ceux-là épient l'occasion, combinent une ruse, la déguisent sous l'invocation de principes dont ils seront les premiers profanateurs. Cet épisode contemporain a montré des partis n'ayant qu'une pensée, se glisser, se raccrocher au pouvoir : encore M. Buffet, leur homme, n'a-t-il rien su faire de ce qui était nécessaire à ce « *fatum* » eussent dit les païens : « expiation, » s'écrie le chrétien.

Les Talleyrand, Richelieu, Martignac, Chateaubriand se retiraient dans la grandeur de leur caractère : M. le prince de Polignac qui se croyait et se disait prédestiné à la résurrection de l'absolutisme restait, violait la loi et emportait dans l'étourderie de son crime trois générations de rois.

A ces souvenirs si grands, à ce point de vue se détache la noblesse d'un caractère stoïque qui épouse résolument la disgrâce parlementaire, plutôt que de faire une tache, une déviation à l'inaltérabilité de ses principes.

De même que le métal devient plus brillant sous l'action du feu, ainsi les grands caractères reçoivent un nouveau lustre des luttes qui laissent ressortir, avec leur constance, la justesse des vues sur la fausse optique de leurs antagonistes.

VII

Les frivoles prétextes et la mise en scène du 24 mai,
cet avortement des illusions.

Quand on songe que c'est sur le choix d'hommes, tels que MM. Casimir Périer, Wadington, Bérenger, si hauts par la richesse, la position sociale, le savoir, quand on les met en regard des indignes prétextes de l'ordre du jour de M. Ernoul, on se demande comment une assemblée, par simple respect humain pour l'opinion du pays, a pu passer outre.

Voici la motion de M. Ernoul :

« L'Assemblée nationale, considérant que la forme du gouvernement n'est pas en discussion, que, l'assemblée est saisie des lois constitutionnelles présentées en vertu d'une de ses décisions et qu'elle doit examiner, mais que dès aujourd'hui il importe de *rassurer le pays* en faisant prévaloir une politique résolument conservatrice ; regrette que les différentes modifications ministérielles n'aient pas donné aux intérêts conservateurs la satisfaction qu'elle avait le droit d'attendre et passe à l'ordre du jour. »

S'est-on jamais joué des autres et de soi-même avec tant d'impudeur, pour emprunter un à-propos à B. Constant?

M. Casimir Périer, avec le laconisme d'une fière dignité, se contente de faire justice de la calomnie qui transformait lui et ses collègues en complaisants du radicalisme : il réitéra la distinction si juste établie par M. Thiers, que la question n'était nullement sociale, quoiqu'on pût dire, mais uniquement politique.

Les partis-pris rendent aveugle, sourd ; il ne s'agit plus de la nation, mais du triomphe à tous risques des coteries qui l'ont visée en invoquant de fallacieux motifs. L'ordre du jour Ernoul est adopté par 362 voix contre 348, différence 16 voix : le groupe Target, en s'associant à l'ordre du jour de M. Ernoul[1] tout en se déclarant résolu à accepter la solution républicaine, était l'appoint final de ce qui ne devait pas tarder à devenir une grande mystification pour les plus ardents fauteurs de cette majorité. M. Target, lui, devait y gagner un haut poste d'emblée. Heureuse mère que la sienne ! elle avait accouché d'un ambassadeur-né ; car ce fils privilégié par sa naissance, servi par sa désertion, s'est trouvé porté au sommet, sans noviciat, ce qui par parenthèse, n'est guère républicain.

La séance se rouvre la nuit ; un message de M. Thiers contenait purement, simplement sa démission et celle du cabinet.

Il se composait de M. Dufaure, vice-président garde des sceaux ; de Rémusat, Casimir Périer, Teisserenc de Bort, Léon Say, Bérenger, Wadington, de Fourtou, amiral Pothuau, de Cissey ministre de la guerre en permanence et qui même y a joint, sous le gouvernement du maréchal Mac-Mahon, l'autorité supérieure de vice-président du conseil ; en d'autres termes la prérogative d'un chef dirigeant sous un gouvernement constitutionnel.

390 voix élisent le maréchal Mac-Mahon; transporté subitement de la vie des manœuvres et des camps à l'exercice du pouvoir politique qu'il avait déclaré maintes fois, ne pouvoir accepter, sous la franche déclaration de son incompétence.

1. *Daily-News, septembre 1875.* — Lire cet article qui confond les politiques à courte vue ligués contre M. Thiers, surtout M. Target, le beau-frère de M. Buffet, qui a gagné une ambassade dans une expédition déplorable pour la France.

VIII

*L'hommage à la compétence militaire de M. Thiers ; les services
exceptionnels rendus à l'armée et à la France.*

Mais celui qu'il remplaçait si inopinément, en particulier pour l'Europe
qui ne s'en est pas encore bien rendu compte, était le Sauveur du pays
deux fois, par rapport à l'étranger, par rapport à la Commune ; le général en chef de l'armée, choisi par M. Thiers au retour des capti-
vités, dont le terme fut abrégé grâce à la considération de M. de Bismark
pour l'éminent homme d'Etat français. Le duc de Magenta aussi lui avait
protesté maintes fois de sa reconnaissance respectueuse pour l'investiture qu'il en a reçue. Aussi comme tous ceux qui avaient abordé l'acclamé de la France, le Maréchal ne pouvait assez rendre hommage à
une science militaire qui comprenait l'organisation, la stratégie, la tactique. Au dire de cette pléiade de braves généraux qu'on voyait empressés aux intéressantes causeries des salons présidentiels, aucun
homme du métier n'était capable de jeter plus de lumière sur les questions diverses soumises à la délibération technique. Au lendemain du
triomphe sur la Commune, nous imprimions ce qu'il lui avait été donné
de faire dans le désarroi général. Depuis nous avons eu de nouveaux,
intéressants détails, qui seront de l'histoire un jour. Nous n'étions alors
dans l'ouvrage nommé que l'écho de la reconnaissance des coopérateurs
à cette œuvre de salut, membres du gouvernement, généraux, peuple.

Depuis on a cherché à intervertir les rôles, vain effort : la dent de
l'envie ne saurait écailler la statue colossale de ce chef civil de l'unique
gouvernement qui depuis 89, soit parvenu à triompher d'une insurrec-
tion formidable. Ses prédécesseurs, une fois dessaisis de la capitale,
ont échoué. Cependant Louis XVI, le Directoire au 18 brumaire, Char-
les X, Louis Philippe avec le maréchal Bugeaud pour chef, tous ont
succombé avec des armées intactes, commandés par des chefs choisis
par eux, en possession de multiples ressources que la défaite étrangère n'avait pas drainées. Loin de là, M. Thiers était au dépourvu, sauf
quelques troupes disloquées, réunies à la hâte ; nos armées formaient
un peuple captif en Allemagne, les arsenaux étaient vides ; jamais la
force du génie, de la volonté, d'une autorité qui empruntait plus à l'ascendant personnel qu'à des ressources effectives, n'ont eu à se mesurer
avec de pareils obstacles, au sein d'une pénurie extrême, des ambitions
de parti dont l'un en était à la proclamation immédiate de la monarchie

à Bordeaux. C'est là que Dieu semble avoir suscité l'homme des grandes et étonnantes choses, comme il est dit dans les Machabées. En effet il ne faut pas oublier que, suivant la propre déclaration de M. de Bismarck, c'est pour M. Thiers seul, et l'estime dans laquelle il le tient, que le chancelier, arbitre alors de notre sort, pour la seconde fois, a consenti à remettre avant le jour fixé par le traité, les prisonniers devenus l'armée de la délivrance de Paris. — Jamais plus vraie ne s'est trouvée la remarque de lord Byron : « Un homme de plus ou de moins et le cours des événements est changé. »

Voilà ce que les anglais ont appelé un merveilleux *achievement*; ils l'opposaient naguère à l'ingratitude de l'assemblée ou plutôt de la majorité qui a voté si cavalièrement la chute de son triple Sauveur·

IX

Les questions financières, l'opération difficile et triomphante
de l'emprunt.

Passant à un sujet d'un autre ordre où des facultés d'un genre différent offrent un nouvel exemple de l'universalité d'aptitudes qu'on a peine à croire réunies dans le même homme, voici venir le financier qui a trouvé l'eldorado et en a fait affluer l'abondance monétaire, alors que ceux qui l'accusent aujourd'hui, sans croire à leurs dires, annonçaient, criaient : misère, ruine; il semblait que Paris était préparé à devenir une nouvelle Jérusalem, laissant la France sans tête, aux membres qui allaient se révolter les uns contre les autres. On ne voyait dans les châteaux que prophéties sinistres sous l'enseigne de quelque voyante béatifiée, trouvée dans les archives oubliées d'un couvent célèbre ; on comptait les jours ; c'était la fin du monde suivant les plus alarmés : pour ceux qui amendaient la rigueur, c'était au moins la fin nationale, ou des convulsions si terribles, des malheurs si grands, que c'était l'équivalent de la catastrophe.

« Tout arrive en France, » disait Retz, c'est ce qui explique comment en pleine jouissance des prébendes gouvernementales, on semble oublier qui a fait la sécurité et a inspiré à l'Europe la confiance, d'où est sortie la souscription magique de 42 milliards offerts au gouvernement de M. Thiers. Nous osons affirmer que quelle que soit la confiance due à son successeur, auquel revient le mérite de la déclaration qu'il resterait dans le lit fait par l'habile main de M. Thiers. Nonobstant ce calque créditeur, nous ne croyons pas lui faire injure en soutenant que le coup de dé magique des 42 milliards ne se retrouverait pas pour le vaillant soldat.

Comme il faut apporter le motif d'une pareille assertion, qu'il nous suffise de dire que, recueillant tous les échos de l'Europe, nous tenons à la disposition de nos contradicteurs les appréciations du Journal de Saint-Pétersbourg à cet égard [1].

X

Divers genres de mérites et plusieurs hommes confondus dans un seul.

On ne sait ce qu'il faut le plus louer du ministre, du chef d'État modèle dans l'application et la direction, ou du *debater*. Celui-ci joue avec les chiffres dont il fait la gerbe qu'il égrène, épand, vanne de manière à fournir le minot en mouture des meilleurs principes financiers. Les calculs les plus compliqués deviennent des démonstrations élémentaires qui illuminent ses lèvres. Il tourne, retourne les chiffres, les combinaisons qui s'y lient, en dégage le quotient, comme si Barême avait placé dans la bouche de l'orateur les tableaux que peuvent seules élucider la méditation et la science. Dans les annales parlementaires, dans les conférences qu'il a eues avec les puissances de l'Empire de Plutus, au sujet des opérations les plus colossales qu'ait appelées notre libération il reste l'Agamemnon proclamé par tous. Les Rothschild, les Baring sur lesquels il projetait le prestige de sa supériorité de spécialiste accompli, reconnaissaient un maître, eux accoutumés à compter dans leurs courtisans tant de chefs d'État. Que de combats M. Thiers a livrés sur ce vaste théâtre où les richesses de la paix, celles même qu'il avait contribué à créer, sont allées par le vertige de l'élu du 2 décembre, cet intrus, par la voie sinistre de l'arbitraire, se perdre dans l'abîme de la guerre.

Là encore si l'on se reporte à tant de questions agitées dans le do-

---

1. On connaît l'autorité de cet organe officiel de la Russie, dont l'opinion comme l'appui sympathique nous ont été si utiles et qu'il importe de conserver favorables. C'est dans notre situation un paratonnerre important monté par M. Thiers sur l'édifice national.

maine politique, administratif, économique, il se trouvera que si des nains ont décoché leurs flèches, *imbelle telum*, comme a dit Virgile sur le géant, il n'en apparait que plus grand dans son invincibilité : il reste l'espoir, l'orgueil de tout un peuple ; s'il est le souvenir ineffaçable par des services qui dépassent tellement les bornes qu'il n'y a qu'un échappatoire pour ses adversaires, c'est la calomnie. Mais loin de détourner les masses, elle ne sert qu'à les pousser plus ardentes et compactes au pôle où la liberté se confond avec l'ordre.

XI

Importance de la valeur personnelle dans les meilleures institutions. — Conséquences du 24 mai pour nos relations extérieures.

Macaulay a dit : il est des gouvernements où la constitution excellente remise à des hommes infidèles ou insuffisants perd son effet salutaire, tandis qu'une constitution défectueuse est rachetée par le mérite, le savoir de ses gouvernants. Quelle meilleure preuve de la justesse de cette remarque que dans l'exercice de ces deux ans de pouvoir de M. Thiers! Il fut le messie national au sein de difficultés sans précédents et de la Babel des partis.

Le lendemain de sa chute, la haine de la République résonnait par les trompettes officielles. M. Beulé et M. Pascal, le sous-secrétaire d'État, semblaient vouloir tout favoriser, sauf la République et les Républicains. On comptait sur la loyauté du maréchal, mais on doutait de ses aptitudes, de son discernement politique. Ce sentiment s'était fait jour dans les cabinets de l'Europe qui avaient leur préférence et n'ont cessé en toute occasion d'en honorer M. Thiers. C'est que, dans cette situation anormale que créait le défaut d'institutions régulières et définies, la nation, les chefs étrangers dont il était l'ami éprouvé par un long commerce d'intimes relations, s'en reposaient sur lui. Ils savaient que l'habile cocher d'État connaissait la carrière où il avait à conduire le char. Dans leur pensée confiante, s'il poursuivait un but, c'est que d'avance il avait préparé et assuré les moyens propres à l'atteindre. Comme dit le proverbe : la confiance ne se commande pas, mais se donne; cette opinion qui était sa force, ne crédita pas ses successeurs. Le procès d'Arnim a découvert les monarchistes abusés par ce diplomate qui, en trahissant son chef faisait accepter les écarts de son ambition comme la boussole qui montrait le port où l'on devait rencontrer les sympathies germaniques. C'était le contraire, comme M. de Bismarck devait l'exprimer : une fois de plus on prenait le change en écoutant Scapin plutôt que Jupiter. Or, celui-ci avait pour M. Thiers une inclination et des complaisances qui ne se sont pas trouvées dans les procédés du hautain chancelier à l'égard du gouvernement septennaliste.

Un malheur, une difficulté, rarement viennent seuls ; ils ont un cortége. Lorsque le 24 mai qui, par les organes de presse et de tribune, se faisait sévère, grondeur même pour la politique de M. Thiers, rencontre le soupçon, avant-coureur des périls dont il était l'éclair, il change de langage : « On n'accuse plus, on déclare vouloir suivre la même politique. » C'est ainsi qu'on se couvrait du chaperon qu'on avait répudié. Que l'on s'étonne maintenant, des mystifications anglaises, après celles dont M. de Bismarck prit l'initiative, et se produisirent à sa suite, notamment de la part l'Espagne.

De son côté, le pays ne laissait pas échapper une seule occasion de proscrire les Iconoclastes qui avaient précipité du trône de la République le Washington français, plus grand de génie que son devancier. Sous l'étiquette des vains prétextes, des équivoques, des restrictions du centre droit, celui-ci semblait devoir introduire dans la place dont il était maître pourtant, un nouveau cheval de Troie, qui n'était pas moins menaçant pour la droite légitimiste que pour les gauches républicaines.

Hé bien, entre le gouvernement de MM. Thiers, Dufaure, Casimir Périer, Léon Say, Teisserenc de Bort, ministre d'ordre autant que de capacité pratique, tous hommes de renom, de fortunes immenses, une aristocratie de talents et du travail qui sera toujours un attribut essentiel du gouvernement populaire, voici que MM. de Broglie, Fourtou, Depeyre, Batbie, Baragnon, des rêveurs creux, non des hommes politiques, voulaient établir l'alliance en les absorbant. C'est ce que l'on appelait la conjonction des centres. Mais il sautait aux yeux que ce premier banc des ministériels septennalistes ne voyait ni ne comprenait la situation. Le centre gauche devait seconder par sentiment patriotique, comme l'avait proposé M. C. Périer, le centre droit faisant la République. Mais il ne pouvait lui donner la main pour des expédients discréditeurs ou d'autres aventures qui affichaient un bien autre but.

Ainsi le centre gauche sentant le pays derrière lui, n'allait pas le déserter pour se compromettre dans la marche flottante des droites marchant à une grande déconvenue qui les submergerait et les rejetterait sur la grève de l'impopularité.

XII

Le désenchantement par les illusions évanouies.

Si du point auquel on a été amené, on se retourne pour contempler la route parcourue, que d'illusions sont tombées, feuille à feuille, comme dit le poète. Bornons-nous à deux : c'était l'Europe qui allait prêter au nouveau gouvernement un concours des sympathies refusées à M. Thiers[1]. C'était le pays tout entier qui adhérait à eux, à ce point « qu'un mot du Maréchal, osaient écrire les feuilles de préfecture, était plus pour le pays que tous les écrits et discours de M. Thiers. » Cependant le Montesquieu de la République en avait été aussi le Scipion. Sa diplomatie fut la victoire qui amena la délivrance du territoire, qu'on ne pouvait demander aux armes.

XIII

Un exemple mémorable du mouvement républicain : une lettre de M. Thiers sert d'évangile politique au monarchique Poitou.

Et cependant, jaloux de démentir les injures à lui prodiguées comme récompense parlementaire, quand les fils des croisés mettaient leur main dans celle des bonapartistes, alors que l'influence religieuse faisait à ceux-ci la charité d'un concours peu compréhensible, le Poitou écartait M. de Beauchamp, le riche enraciné, servi par un réseau de toutes les influences ; M. Lepetit trouvait dans une lettre de M. Thiers en son

1. Témoin l'affaire des mandements et de Louis Veuillot : La suspension de l'*Union* pour avoir publié une inoffensive lettre du comte de Chambord ; la question de l'Orenoque et la reconnaissance de Serrano refusée par M. Thiers ; enfin le risque de guerre du mois de mai dernier.

honneur, le poids qui emportait les faux dieux, en dépit de tous leurs auxiliaires et des avantages que donne la commandite de prodigieuses fortunes. Qu'on juge de la victoire et de la valeur du talisman Thiers, si l'on considère que M. de Soubeyran, lancé corps et âme pour son beau-frère, avait, lui, battu, avec une écrasante majorité, le général de Ladmirault, gouverneur de Paris : c'était cependant un candidat cher au pays, fier justement d'un compatriote dont le prestige est encadré dans un indigénat de famille qui, à lui seul, suffit même à la fortune d'un candidat qui n'a que ce titre.

Mais le général de Ladmirault, astre à Paris, est la constellation poitevine ; hélas ! Mars confrontait Plutus.

Hé bien, M. Lepetit, dans l'orbite de M. Thiers, décrivait son cercle triomphal où son brillant émule avait dû s'éclipser.

La dynastie impérialiste Soubeyran-Beauchamp avait écarté la gloire et l'épée ; la politique républicaine, avec l'étoile de M. Thiers, pouvait seule reprendre la position perdue, alors même que la citadelle au-dedans et au-dehors, sous une bannière de fausse conservation, comptait pour défenseurs tout ce qui allait faire l'expédition combinée contre la République.

Après un pareil échec des coalitionnistes, dans des conditions nulle part aussi favorables pour eux, parodiant le mot célèbre de M. Thiers, s'écriant dans sa douleur patriotique : « l'Empire est fait. » Il était évident que si la République n'était pas faite, elle devait forcément l'être par ceux qui avaient voulu sa défaite.

XIV

Bon gré mal gré, il faut y venir. — La République refusée des mains de M. Thiers, est fondée par ceux qui l'avaient renversé pour qu'elle ne se fît pas.

Le sens pratique, l'esprit de divination, se sont-ils jamais mieux manifestés que dans cette occasion. La prophétie de M. Thiers s'est accomplie. Ses ennemis se sont évaporés dans leurs vaines pensées. Bien plus, les sacrificateurs sont devenus les consécrateurs. Si le peuple avait douté, le moyen de n'être pas raffermi aujourd'hui. Ceux qui étaient les apôtres, les hérauts d'armes de la monarchie, tout à coup font volte face vers la République. Ils ont eux même frayé la route que doit suivre l'esprit électoral. Aussi, nul doute qu'autour des urnes réouvértes, le 25 février ne rencontre l'*amen* national ; la question consiste à choisir des hommes qui, arrivés par la profession républicaine, au lieu du *magnificat* qu'ils lui promettent, ne se remettent le lendemain à chanter le *de profundis*, qui cependant ne serait pas admis au programme. Défions-nous des restrictions mentales et des transformations de langage qui se couvrent de prétextes qui ont assez abusé pour qu'on ne leur laisse plus d'accès.

XV

La concordance des principes et des actes. — La grande unité de la vie de M. Thiers.

La vie de M. Thiers a été la plus active et la plus remplie de ce siècle. Comme dans les grands paysages. alpestres, pyrénéens, tyroliens, où l'infini se déroule, le regard fasciné par l'ensemble vainement veut se reposer sur quelque point isolé ; il s'efface dans la variété immense du panorama.

M. Thiers pouvait garder le pouvoir, puisqu'aux termes de la loi Rivet, il était hors d'atteinte du vote, comme le Maréchal Mac-Mahon en vertu de l'institution Depeyre. Mais le grand parlementaire, l'historien, le chef d'Etat qui venait d'accomplir l'œuvre la plus surprenante, comme la plus nationale, ne pouvait se hisser par des considérations à l'usage vulgaire, il se souvenait sans doute de cette maxime de l'illustre Bacon devenu pour lui la morale en action :

« Il y a quelque chose de plus grand que de commander, c'est de régner sur la raison, l'opinion et l'intelligence, » il en fit sa règle.

XVI

Une noble abdication. — La France lui garde son cœur et ne peut trop lui manifester son adhérence.

Le lendemain de cette chute aussi fièrement digne que celle de Cha-

teaubriand mettant à la disposition immédiate de M. de Villèle, l'hôtel
où il avait illustré et où il eut sauvé la monarchie, — M. Thiers en ouvrait à deux battants les portes de la présidence à la venue de celui qui
de son protégé, devenait son remplaçant. Le Plutarque français ne
laisserait pas le lecteur sans émotion, en racontant cette sortie si simple
où toujours égal à lui même, M. Thiers abandonnait, sans d'autre émotion que celle de spectateur, cet Hôtel de Versailles, où il avait succédé
à Guillaume. Le chef de la république dénué des moyens de pouvoir
accordés à son successeur, n'avait que le talisman d'un mérite reconnu.
Cela lui suffit pour conquérir tant de sympathies étrangères ; il avait vu
venir à lui jusqu'à Manteuffel, cette grande figure militaire, général en
chef de l'armée d'occupation, auquel notre sort avait été remis. Que
pouvaient les épées alors, les fiertés militaires ? Nous étions vaincus, à
merci. Une fausse note pouvait faire résonner tous les clairons de la
guerre.

XVII

*Le salut est plus dans une haute et sage politique que dans les hasards
militaires ou dans un déploiement guerrier.*

Il fallait la parole, le talent fécond en ressources. C'était beaucoup,
et cela ne suffisait pas, sans le prestige qui faisait de cet homme un prédestiné pour l'Europe, un compatriote par son génie, un conquérant
des sympathies et des bonnes grâces par une attraction qui n'appartient
qu'à lui, nous le demandons à ceux qui n'ont pas craint de le renver-
ser. Quel eût été le sort de la France et aussi le leur, sans ce grand
négociateur ? Vous avez oublié tout cela, tribuns du 24 mai ! Malheu-
reuse éclipse totale de la mémoire du cœur national et du sens politique ! Elle n'a pu envelopper de vos passions et de vos ténèbres, ni
l'Europe, ni le peuple, — tout est là, — la nation ne périt pas, heureusement, comme les représentations éphémères.

> Mais si je fais trois pas et franchis la colline,
> Ce grand bruit expirant sur la plage voisine,
> Sera comme s'il n'était pas.

Le palais auquel restent attachés de tels souvenirs, s'il pouvait sentir, comme l'âme nationale, eût revêtu le deuil pour le grand esprit qui y avait dépensé une provision heureusement intarissable. Le Sauveur de la France, titre consacré par le monde entier, trouvait sa maison brûlée : ce pouvoir convoité par les chefs de la ligue lui était ravi, avant même qu'il eût pu en relever les murailles, nonobstant sa diligence ; il connaissait assez les hommes de parti pour ne pas savoir ce qu'ils lui réservaient aussitôt qu'il aurait purgé la place des périls sur lesquels il y avait siégé. Mais au 24 mai l'œuvre était accomplie : tout était pacifié à l'intérieur et l'ennemi allait quitter la France, grâce encore à la politique qu'on jetait aux gémonies, au lieu d'en louer son auteur, comme le fait le peuple.

XVIII

*Le premier asile de l'ex-président avant son installation
à l'hôtel Bagration.*

M. Thiers prenait asile boulevard Malesherbes, chez un parent, le brave et fidèle général Charlemagne. Là, où il eut fallu les galeries de Versailles pour offrir un lit en rapport avec les flots de sympathies, d'hommages qui affluaient de toute part, les membres du corps diplomatique en tête, il n'y avait que l'espace d'un asile privé, d'étude et de bon goût. On était réduit à supputer la minute pour faire place à d'autres visiteurs.

Sans doute les coureurs de place portaient ailleurs la banalité peu enviable de leur félicitations changeantes comme les étuis des scarabées. Mais ceux qui gardent le souvenir des services que passionne la gloire et qu'attire l'esprit, suivent les stations Malesherbes, hôtel Bagration, pour aboutir au temple Saint-Georges et y rester fidèle ; car c'est l'être à la France, et comprendre ses intérêts dans le plus patriotique sens.

Cette résignation du pouvoir, si noble dans la retraite de l'homme illustre auquel on devait tant, n'a valu que des ironies à celui qui donnait ce noble exemple. Mais la même chose revêt des acceptions différentes, suivant que l'esprit des partis s'en trouve servi ou empêché. Ce qui est texte de décri pour M. Thiers, devient glorification quand il s'agit du maréchal Mac-Mahon suivant un autre cours. Il a survécu en effet à la chute de ses ministres les plus chers. Tels étaient le duc de Broglie, MM. de Fourtou, Magne, Ernoul de Peyre. Aussi a-t-il pu s'écrier aux applaudissements de ceux qui n'eussent pas manqué d'en faire un crime à M. Thiers: « J'y suis, j'y reste. » [1]

XIX

M. Thiers vengé reste l'homme du pays, et l'objet des prédilections de l'Europe.

Mais toutes ces feintes lamentations, ces calomnies en chœur allant du saint journal l'*Univers* au très-profane *Figaro*, ce moraliste que l'on sait, ne rencontrent que l'incrédulité du pays et son indignation. Au moment où nous écrivons ces lignes, nous arrive l'écho des hommages spontanés semés sur les pas de ce couronné de génie ; « au plus illustre des Français, au libérateur du territoire » ; à l'homme d'Etat qui le *premier* a compris, que dans la division des partis, la sagesse et le patriotisme conseillaient à la France de s'en tenir à la République ouverte à tous les bons vouloirs. Les *vivats* Thiers sortent des foules magnétisées par la vue de leur préféré. Les chefs d'Etat le traitent sur un pied d'égalité que n'a conquis nul autre, pas même le roi Voltaire, comme on l'a appelé. L'acclamé de ce temps qui occupe une telle place dans le monde a été la sauvegarde de la France aux abois. Bien plus, si la réaction inintelligente qui, sous les prétextes les plus futiles, a dirigé sur le grand pilote qui avait ramené au port la fortune de la France, un feu éteint dans l'admiration nationale ; si cette réaction injustifiable n'avait été bridée par les arrêts du suffrage universel, le dénouement se posait sur le césarisme, avec Napoléon IV pour cimier arborant de nouveaux malheurs et un surcroît de honte. Beau résultat en vérité de leur chimérique entreprise! Ce qu'il y a d'inconcevable, c'est que dans les campagnes, leurs adhérents, ceux-là même qui ont combattu le bonapartisme avec nous en convenaient ; cependant, poussés par le vertige commun, ils ne l'en précipitaient pas moins à une solution dont ils auraient été les premiers à gémir. Cela rappelle le portrait tracé par César des Gaulois prenant les résolutions les plus graves, sur une impression fausse, et le lendemain voulant détruire la loi qu'ils s'étaient donnée. Le septennat auquel l'échec monarchique s'est accroché comme le noyé aux branches

---

1. C'est du moins le propos qui lui a été attribué et qui n'a donné lieu à aucun démenti.

mortelles d'un saule qui le laisse retomber, devait mettre la légitimité hors concours. O ironie des choses se jouant des hommes ! Ils se sont évaporés dans leur vaine conception.

XX

L'extrême droite maintenant la pureté de sa doctrine refuse de suivre le centre droit.

Quelques rares esprits de l'extrême droite, avisés par leur loyauté même, ont vu et signalé l'écueil où leurs étourdis amis allaient jeter la royauté traditionnelle. Elle porte la peine peut-être irrémissible de l'illogisme qui a enfanté la forme hybride d'où est sortie la République. Quelle situation discréditante pour les tisserands de la trame du 24 mai ! La toile septennaliste, tantôt au titre personnel, tantôt avec l'étiquette impersonnelle, a fourni les langes de la République. Dans cette succession de rêves, dans ce défilé d'arguties dignes du Bas-Empire, où trouver une étincelle de patriotisme, une ombre de sens politique ?

Toutes ces conceptions, mort-nées dans les cerveaux d'où elles émanaient, remplissent le nécrologe 1873-1874. — C'est que la politique est un grand art ; beaucoup y prétendent, peu le possèdent : encore moins justifient la confiance qu'ils demandent, tour à tour, au peuple ou à l'Assemblée, — sous le cliché qu'on répond de la liberté et de l'ordre. On sait ce qu'il en advient. Gohier, Siéyès, Barras tenaient ce langage la veille du 18 brumaire. Napoléon avait fait pacte avec la victoire promise à son nom ; Sedan lui destinait la captivité et à la France une moisson funèbre qui devait être arrosée des larmes des veuves et des mères. Mais les mots écussonnés à la fantastique empreinte du pouvoir sèment en France des illusions qui deviennent contagieuses.

Rapprochement historique : M. de Talleyrand, M. Thiers.

A l'instar de M. de Talleyrand, auteur des deux restaurations 1814, 1815, accablé d'accusations imméritées, M. Thiers a trouvé, de la part des mêmes partis, l'injustice témoignée déjà au prince des diplomates, à Châteaubriand, à Lamartine, sauveur aussi. Que d'obstacles, d'envieux surtout rencontre le génie ! Les hauteurs du droit divin, les revendications anarchiques ; la méconnaissance de l'esprit du siècle et de celui des cabinets ; les intrigues, les visées personnelles forment un filet qui enlace et paralyse les grands hommes. Témoin le sort de Turgot, l'ami du peuple. Louis XVI, digne de le comprendre, qui l'avait ainsi qualifié, n'ose le soutenir contre les courtisans qui perdirent la monarchie ; le réformateur l'eût sauvée. Ah ! la routine et les abus inflexibles, voilà les allumettes soufrées des révolutions ! M. Guizot, au dire de Royer-Collard, n'avait que la surface d'un homme d'Etat. M. Buffet rappelle l'école espagnole. Nature d'un mysticisme sombre. Là où il n'y a pas de désordre, il suppose des passions violentes. C'en est assez pour justifier les plus injustifiables mesures, témoin la protection accordée à M. Ducros, que les révélations du docteur Brochard mettent au ban de l'Europe : On n'a pas failli, mais on peut faillir ; c'est la thèse de la casuistique inquisitoriale. Banalité qui renferme toutes les tyrannies. M. Buffet serait-il le Constantin Paléologue décidé à périr contre l'assaut du Mahomet avançant à la tête du suffrage universel ? il peut supputer l'insuffisance de ses ressources. Devant cette grande, irrésistible invasion de l'esprit moderne ; comme les Grecs dont M. de Lamartine a retracé les derniers jours, le vice-président, peut-être, compte-t-il sur l'archange Michel et ses légions à l'heure critique ? Mais la déception de ses devanciers, invocateurs des moyens surhumains, dit le sort des imitateurs. Il faut que le ministre soit bien à bout de voie, lui qui en déifiant l'autre jour, à la tribune, le poëte-roi, Lamartine n'en revendiquait pas moins pour la presse les juridictions correctionnelles. L'anathème du dieu tonnant de l'éloquence, Berryer, pèse cependant sur cette dérision judiciaire. Ce fut le dernier cri de ce prince de la parole. Voilà le glorieux souvenir qui dit à son parti égaré par M. de Broglie, comment on est populaire et grand !

Entre les monarchistes purs qui prétendaient ramener la France à la zone de 1787, les exaltés de l'intransigeance radicale, et les ramifications de ces partis étendant la confusion, M. Thiers restait le pondérateur. Il avait établi son gouvernement dans un esprit conciliateur et ferme à la fois, le seul qui pût relever le pays et lui ramener la sympathie étrangère qu'avait aliénée l'empire. Il n'est pas jusqu'à M. de Bismark, « ce sauvage de génie, » qui n'ait déclaré avoir accordé à M. Thiers ce qu'il aurait refusé à tout autre. Les faits ne sont pas moins concluants que ce témoignage. Il est cependant des négateurs de l'évidence. Ils provoquent ainsi les emportements de l'opinion, sauf à l'accuser plus tard d'être le jouet « des passions subversives. » M. Buffet n'a pas eu besoin de se mettre en frais de style : ce lieu commun date de loin. Cet *irato* doit être laissé à l'usage du ministère public. La Chambre réclame un langage plus parlementaire.

XXI

Le credo national et son symbole.

Il y a un fait remarquable, c'est l'instinct populaire qui voit dans M. Thiers le gardien de la paix. Que messieurs du *Français*, de la *Patrie* daignent s'égarer dans nos campagnes, ils entendront ce refrain : « Il n'y a pas à craindre avec lui, pas de guerre. » Comment le paisible laboureur penserait-il et parlerait-il autrement? Il n'est que l'écho du gouvernement du maréchal de Mac-Mahon. Est-ce que lui ou ses ministres, à chaque conjoncture critique, ne se couvrent pas de leur communauté de vues, avec le programme dressé et suivi par *leur illustre prédécesseur*[1]? Puisque le successeur a dû l'évoquer et le pratiquer, alors à quoi bon cet ébranlement qu'on a fait au 24 mai? Pourquoi, contre celui dont on devait reprendre la trace égarée, ces calomnies étouffées sous le cri de la reconnaissance nationale?

XXII

La généalogie des fantaisistes conceptions mort-nées.

L'ordre moral est à l'œuvre. D'ordinaire les escaladeurs du pouvoir d'aventure voient d'autant mieux en rose qu'ils sont plus insuffisants à leur tâche. On se rabat sur le programme de la défaillance pour le public qui paie la faute : ceux qui l'ont commise y recueillent toujours un dédommagement quelconque, ainsi que leurs créatures qui, ins-

---

1. Épithète bien méritée, sur laquelle ne manquent jamais d'appuyer ceux-là même qui se réfugient au besoin sous le manteau du grand homme d'État dont ils occupent la place. Quel hommage des adversaires! Est-il rien de plus propre à confirmer ceux de l'Europe et à affirmer le peuple français dans son adhérence à M. Thiers et à sa politique de salut national?

tallées dans les prébendes, les gardent, survivant à la chute des patrons. Rarement la médiocrité a conscience d'elle-même ; quand elle la sent, l'aveu ne s'en fait pas. Mais autre chose est d'annoncer des merveilles et de les produire.

Ainsi advient-il : le désenchantement, l'impopularité se trouvent sous cette boursoufflure des rancunes que surmonte une sape de destruction, au lieu de la truelle d'édification qui importe à une nation, lorsque la guerre et un gouvernement démoralisateur ont emporté l'abri et fait le chaos.

XXIII

Un résumé historique fidèle est le meilleur panégyrique.

Dans un autre ouvrage nous avons photographié le publiciste, l'orateur, l'historien, le politique, le chef d'Etat[1]. Supérieur aux événements, là où tout était perdu, il a su ouvrir la route du salut à travers des ruines, des difficultés insurmontables à un autre. Confondant les pronostics d'une cure qu'on disait impossible, il étonna l'Europe. Dans l'évanouissement de nos forces, alors qu'il n'y avait plus ni armée ni prestige, il a su émouvoir, radoucir l'ennemi, à la merci duquel nous avaient livré les folies de l'Empire. Devant sa responsabilité accablante, il est encore des fanatiques qui osent proposer de refaire un pavillon national de cet obélisque lugubre qui porte ce nom fatal :

BONAPARTE.

Et celui qui brillait de l'éclat de tant de services, n'en est pas moins renversé, au fort de ses triomphes, par une coalition qui n'aboutira, pour elle-même, qu'à une fondrière. L'esprit de parti rêvait une France-Protée changeant au gré de leur diversité de buts. Il n'y avait plus cependant qu'à couronner l'édifice pour développer et affermir une prospérité, un crédit, un apaisement qui tenaient du miracle. L'agitation n'était pas dans le pays ; le bonapartisme si audacieux depuis se tenait

1. M. Thiers et sa mission. — Dentu, Palais-Royal.

sur la réserve : il avait été refréné par la mesure prise contre le prince Napoléon, avec une clémence de procédés étrangère à l'Empire. Des légitimistes opposaient la légalité *judaïque* à ce qui n'était que la modération dans la sagesse politique. Ils avaient oublié et pardonné, sans doute, le crime du Deux-Décembre, ses victimes, ses proscrits et le long arbitraire d'un trône dictatorial.

La proposition de M. Thiers d'instituer un gouvernement à la place du provisoire, péril permanent ne devait rencontrer qu'une fin de non-recevoir insidieuse. C'est qu'on se flattait qu'en laissant périr la République de la phthisie d'abstinence, la monarchie allait de soi. Restait toujours à savoir, laquelle des trois en concurrence ? Chacun se flattant que ce serait la sienne. Vainement des voix protestent, telle que celle de M. Grévy, dans un langage digne de Caton d'Utique : « Vous n'avez pas ce pouvoir d'aliéner l'avenir national en enchaînant vos successeurs. Qui vous a donné ce mandat? On ne dispose pas d'un peuple à son insu et malgré lui. » — « Mais nous ne relevons que de Dieu et de notre conscience. » L'emphase tenait lieu de la raison et du droit. Dans cette mêlée où les partis devaient se trouver aux prises, dans cette guerre civile des monarchistes entre eux, tout ce qui avait été gagné en conciliation pacifique, de crédit auprès des cabinets fait place aux discordes fomentées par ceux-là même qui se targuent de faire fleurir l'ordre moral.

XXIV

*L'unanimité des témoignages du monde entier reproduit
la même note enthousiaste[1].*

Il faut se reporter au 24 Mai, aux chatoyantes perspectives qu'il offrait pour se dire une fois de plus que même chez les Alcestes les plus étoilés des médailles bénies, en politique, « promettre et tenir, c'est deux. » Au lieu de l'âge d'or qui devait suivre, surviennent les inquiétudes, le ralentissement des affaires, cortége obligé de l'équivoque et du provisoire. C'est en vain que 16 voix ont sonné l'enterrement du

---

1. Témoins le don de l'empereur d'Allemagne de ce *talmud* prussien, exclusivement à l'usage royal — du magnifique ouvrage : *les œuvres complètes du grand Frédéric*, les visites princières et les entretiens prolongés de tous les princes venant à Paris, tels que le grand duc Constantin; ils veulent jouir et profiter de « ce miracle de conversation, » comme on a qualifié celle du plus spirituel des français.

Washington français, la nation qui toute entière en eût porté le deuil,
lui fait un autel de son cœur : l'étranger vient y chanter l'hymne national à l'unisson du sentiment populaire qui proteste partout : les colons
dépêchent des adresses, des protestations, en burinent, cisèlent le souvenir dans l'or, les métaux, les pierres les plus précieuses : la magie
de l'art se mêle à ces témoignages qui viennent de tous les points du
globe. Les vivats qui traversent l'Océan, rencontrant ceux que la France
pousse à l'envi, forment un orphéon choral en l'honneur de M. Thiers,
qu'aucun autre n'a jamais obtenu à ce point dans la vie privée. —
Encore au sommet de la puissance, les plus grands souverains, le do-
minateur de l'Europe, Napoléon le Grand, n'ont pas été gratifiés de
cette unanimité de louanges. — L'Angleterre était là, bravant le César
d'Austerlitz et d'Iéna : Pitt, Castelereagh troublaient le concert où
beaucoup figuraient par les lèvres plus que par le cœur ; des notes dis-
cordantes s'échappaient des hymnes pour le conquérant : là où M. Thiers
ne devait recueillir qu'un concerto flatteur et unanime. Pour que rien ne
manque à ce succès, les chefs d'État mêlent leur voix admirative à celle
des peuples ! Voilà des témoignages qui sont un enseignement pour les
monarchistes pris au filet des de Broglie ! Lafayette, cette grande popu-
larité de 89, de la Restauration, de 1830, fut acclamé par les États-Unis.
Laissant loin derrière lui « le citoyen des deux Mondes, » aussi le roi
de Ferney, charmeur du xviiie siècle et correspondant des têtes cou-
ronnées, Frédéric le Grand et Catherine la Grande menant la marche
épistolaire ; — M. Thiers a eu le rare privilége de rendre son nom plus
sympathique par la vie privée, que s'il fût resté souverain, ce qui lui
était loisible. L'hôtel Bagration, celui de la place Saint-Georges, relevé
par la reconnaissance nationale, voient, chaque soir, ce que l'Europe,
la littérature, la politique offrent d'éminences s'épanouir à ce que M. de
Bismarck qui s'y connaît appelle « la causerie de la civilisation. »

XXV

La gloire utile sans le baptéme des larmes.

Comme Epaminondas, sous l'éclat des journées immortelles de
Leuctres et de Mantinée, M. Thiers a inscrit son nom dans l'histoire
par des fastes impérissables, ceux de la paix, de la restitution de Paris
à la France retenue par lui sur le bord de l'abîme, la libération du territoire qui, à l'humiliation prolongée, ajoutait un surcroit énorme de

passif à nos finances. — On a calculé un million par jour... — Et ces patriotes du *Français* qui ne pouvaient rien pour notre rachat si avantageux, feignent pour le trésor un hypocrite intérêt : ils versent des larmes de crocodile au sujet de l'indemnité qui fut consacrée à redonner son asile à celui qui l'avait vu se consumer en sauvant la patrie. Ce sont ces mêmes élégiaques qui étaient disposés à consacrer des deux mains la convention faite entre le gouvernement du maréchal Mac-Mahon, et M. Rouher, pour une indemnité de plusieurs millions qu'on accordait à l'impératrice, sur l'appropriation du musée chinois entre autres ; ce prix de la victoire de Palikao passait à la souveraine veuve : enfin, la Chambre a mis un terme à cette étrange prétention qui jamais n'eût osé s'afficher avec la moindre chance de succès, devant l'intègre, sévère gardien de la fortune publique, M. Thiers.

Ainsi, tout leur crie que c'est en vain que ces Titans ont remué et bouleversé pour écraser l'homme plus resplendissant après leurs tentatives, dont on peut dire de son renom après le poète :

> Il n'est donc nulle plage,
> Où sa gloire ne l'ait porté.

XXVI

Nouveau service de M. Thiers pacificateur après avoir été le libérateur.

Comme si ce n'était pas assez, et que les titres de cette gloire ductile comme l'or, pussent s'étendre à l'infini, il était réservé à M. Thiers dans une circonstance récente de radouber le gouvernement de son successeur pour lui faire traverser un grand péril.

Fait digne de remarque qu'on ne saurait trop mettre en lumière, car il sert de phare pour éviter les écueils de l'avenir, c'est que M. le duc de Magenta, M. de Cazes, M. de Broglie, M. de Cissey, tous les hommes de la politique septennale, dans chacune des questions où la difficulté se produisait[1] n'ont jamais manqué de se couvrir de leur conformité aux

---

1. Il s'agit de la guerre avec la Prusse, sous le coup de laquelle nous avons été placés, en mai 1875, et où ls maréchal Mac-Mahon, quoique porteur d'épée mais trop avisé pour le substituer à la prudence politique, a été si puissamment aidé et servi par l'influence de M. Thiers en Russie et en Angleterre.

vues de celui qui, après avoir été l'initiateur de la politique de paix, reste le grand maître dans l'art de la pratiquer : il se lie à l'autorité qu'il est indispensable d'avoir auprès des gouvernements étrangers, comme le proclamait dans une de ces études impartiales qui distinguent le journalisme anglais, le grand organe wigh, le *Daily news*. A cet égard toute la presse de l'Europe, le *Times*, le *Journal de Saint-Péters-bourg*, le *Golos*, les revues britanniques, les feuilles allemandes n'ont qu'une note? Que celui qui s'élève, à leur encontre, s'isole dans l'im-pénitence finale, ce n'est pas notre affaire, mais c'est compte à régler avec sa conscience élastique; il nous suffit que le peuple laisse la fausse voix crier dans le désert.

Ils le verront bien aux élections; leur scrutin de prédilection ou d'arrondissement, substitué à celui qui les enfanta législateurs, consti-tuants, combien en sauvera-t-il? Que la canditure officielle vienne agacer la fierté nationale, il deviendra un asile de défunts. Le résultat sera tel qu'on ne pourra plus dire que le pays est en connivence avec des anathématiseurs de la plus grande de nos gloires nationales. Ils crient d'autant plus qu'ils savent, qu'en dehors de la candidature officielle qu'on ne peut faire viable, c'est le *de profundis* sur la plupart des blas-phémateurs.

XXVII

L'éloquence des chiffres et l'esprit des scrutins.

Cette dure leçon ne s'anticipe-t-elle pas, à des signes illuminateurs de l'opinion du pays? Des relevés faits par le judicieux M. Germain, établissent que sous le gouvernement de M. Thiers qui avait la confiance publique, sur 159 élections, l'immense majorité se recrute des hommes qui prétendent le soutenir.

Après le 24 mai, les monarchistes au pouvoir remplissent tous les postes administratifs de leurs créatures, renforcés même par le person-nel à poigne bonapartiste, sur 32 élections, la politique de la majorité monarchiste de l'assemblée compte 31 échecs, un seul succès; excep-tion qui, suivant l'adage, confirme la règle; l'horizon électoral est d'un aspect lugubre aux triomphateurs d'aventure : il faut en conclure avec le judicieux député de l'Ain, que la France a une volonté, qu'elle poursuit énergiquement un but, qu'elle est résolue de défendre et de maintenir. Rien ne saurait la détourner de la voie si franchement tracée par M. Thiers; la société moderne telle qu'elle est sortie de la révolu-tion de 89, voilà l'objectif! Le progrès, la richesse, la conservation même se lient à ce régime, dont le 25 février a eu pour but d'assurer la sécurité.

Et M. Germain avait raison de dire que les seuls conservateurs sont ceux qui entendent qu'il ne soit porté aucune atteinte à cette démocratie, tandis qu'il voit des usurpateurs, nous ajouterons des révolutionnaires dans les révisionnistes qui, au risque de briser la machine sociale, tentent de revenir en arrière. Le plus sûr est d'améliorer, sur la base d'institutions qui permettent à chacun d'arriver par le savoir et le travail. Les fils de leurs œuvres occuperont la place qui, jadis, appartenait *de plano*, aux privilègiés de la naissance : sous l'empire, le favoritisme dynastique tenait lieu de mérite. Les aptitudes et les qualités qui seules doivent intituler au service publique, étaient rejetées à l'arrière-plan.

XXVIII

M. Buffet et sa fausse optique de la politique.

M. Buffet semble désorienté dans le nouvel ordre des choses, que lui, ancien ministre libéral de l'empire pourtant, était fait pour comprendre. Son tort, c'est d'avoir toutes ses préférences, sous ce vague mot de l'ordre, pour ceux-là qui, au lieu de se placer dans la République, inclinent à sa disparition ; ils forment deux catégories. Celle des doux emmielleurs garde certaines formes, ils n'attaquent pas même la République de front, ils la tournent au besoin, en récitant quelque creuse maxime d'une philantrophie paradoxale et la laisseraient périr d'inanition : ils ne l'avertiraient pas en la voyant attirée dans une embuscade qu'ils ne dresseraient point sans doute, mais qui ne saurait leur déplaire. Il y a les vinaigriers qui répandent à tout propos le pétrole enflammé, dût-il consumer République et les républicains, depuis les conservateurs libéraux qui ont tant à perdre, tels que MM. C. Périer, Wadington, Teisserenc de Bort.

XXIX

On ne doit pas jeter son défi au monde : il est trop fort pour quelque individualité officielle que ce soit. — Comparaisons étrangères. — Erreur de M. Buffet.

Parmi ces disciples de la doctrine torquemada de l'intimidation, du châtiment, il est des natures qui écartant tous les voiles semblent se faire une cotte d'armes de l'impopularité qu'ils revêtent. Tel est ce préfet dont Lyon gardera longtemps le souvenir. Etait-ce être conservateur ou révolutionnaire hérodien que de chasser le lauréat Monthyon, pour remettre l'assistance des enfants trouvés à un favori, sans la recommandation des titres qui offrent des assurances contre la moisson de la mort. Aussi a-t-elle fauché cette pépinière de soldats et de laboureurs si nécessaire à notre dépopulation. Ce n'est pas une supposition, c'est la statistique qui l'établit. Voilà une abominable affaire où ne manque aucun scandale, M. Ducros protégeait les Coco Bouvier. M. Buffet si religieux de principes, saurait-t-il moins admettre que les philosophes : « la foi sans les œuvres ne vaut. » Mais les choses arrives à ce point déflorent un pays, même à l'étranger. Aussi ne faut-il pas être sorcier pour dire à coup sûr que plus le mauvais vouloir officiel ressortira, plus le pays sera affirmatif. Ce que M. Buffet instruit à l'avance des abus, des antipathies qu'avait semés son préfet a refusé à l'opinion, elle saura bien l'imposer. Au lendemain du verdict électoral, nous ajournons M. le vice-président du conseil élevant jusqu'aux nues son front audacieux. Tombé du pouvoir on se sent écrasé par le poids de tels souvenirs : la responsabilité au visage blême de terreur, souvent remplace l'adulation, ce fard sous lequel se dissimule la défaillance du cœur.

Quelle anomalie ! Un chef de cabinet a pour mission d'acclimater l'œuvre à lui confiée, c'est son devoir de la protéger, son honneur de la glorifier. Au contraire, au lieu de la créditer il la renie. Rougissant même du nom, il semble rechercher l'occasion d'exhaler son mépris. S'il faut en croire les échos, les bonapartistes, ces bons gardiens de la République de 1848, qu'ils ont mitraillée, déportée, et qu'ils croyaient bien avoir enterrée, comme le duc d'Enghien à Vincennes, hé bien ! ces hommes honnêtes et modérés sont l'avant-garde du parti de l'ordre de la conservation. De qui se moque-t-on ici ? — Ah ! M. d'Israëli, aussi distingué par l'esprit que par le loyalisme, vous prince de Gortchakoff qui rendez si respectable la parole russe, et vous prince de Bismarck, qui planez librement dans la franchise de la force, vous ne prendrez ni la morale, ni le genre ténébreux qui ont été fatals à la France ! Les peuples qui grandissent et se libéralisent sous vos mains habiles, n'étendront pas leurs bras pour s'approprier un rejeton de la race si fatale à la France et à l'Europe. Les Anglais qui déportèrent le redoutable oncle, peuvent laisser le citoyen de Chislehurst en paix dans la Sainte-Hélène de leur indifférence.

L'étrange, inquiète situation que nous fait cette politique qui peut prendre pour emblème l'écrevisse qui recule, au lieu du lion anglais qui va en avant, de l'aigle prussien qui monte, de celui à deux têtes de la Russie fixé sur l'orient et l'occident, cette infirmité de notre état national a été mise à nu par M. Thiers. La concision saisissante est l'apanage de ce grand esprit, « de conséquence en conséquence, d'exclusion, en exclusion, il pourrait bien arriver qu'on n'admit, au service de la République que cenx qui n'ont jamais voulu d'elle et qui n'en veulent pas même aujourd'hui. »

Quant à ce péril permanent, à ces conspirateurs contre l'ordre social que M. Buffet voit et place partout, cela rappelle don Quichotte cherchant des géants à pourfendre, n'en trouvant pas, il s'en prenait aux moulins à vent. Ainsi M. le vice-président du conseil a une imagination sombre qui produit des fantômes contre lesquels il s'escrime par l'oraison plaintive et furibonde tour à tour. Sans doute il est d'aussi bonne foi que le héros de la Manche, affaire de tempérament. Ce genre peut défrayer un dramaturge, mais ne fera ni la fortune, ni la force de l'homme d'Etat. Car ce n'est qu'un cri de désespoir qui révolte un peuple de braves et le rendrait suspect à l'Europe, si celle-ci ne l'attribuait au cauchemar d'un ministre en détresse.

XXX

Fausse situation des hommes du 24 mai infirmant leur autorité devant l'Europe. — La guerre ne peut étre prévenue que par la science politique.

Nonobstant les adhérences posthumes qui contrastent avec des souvenirs qui les infirment, on se heurtait à des défiances qui sont tombées des lèvres du chancelier germanique, rude parfois, comme la force. M. de Broglie, M. le ministre de la guerre qui est plus soldat qu'homme d'Etat, — à chacun son métier, — ont fourni à M. de Bismarck le prétexte dont il a su profiter pour obtenir du Reichtag, avec un septennat de puissance militaire, le solde énorme destiné à la tenir sur ce formidable pied qui, à lui seul, est une menace redoutable, une mèche fulminante de guerre. — A son tour, le grand stratégiste, ou comme on l'appelle, le vainqueur de Sedan, intervenait avec tambour et trompettes sonnant l'*incorrigibilité française*, cela suffisait pour amener dans le chorus les dissidents empressés à se ranger contre « la Némésis de la vengeance[1]. » Le maître de la guerre obtint ces légions infinies qu'il sait si bien discipliner et manier. Pour lui c'est un échi-

---

1. Voici le curieux pronostic de Marie-Thérèse sur Frédéric II fort curieux à rappeler aujourd'hui :

« C'est lui qui veut s'ériger en dictateur et en protecteur de toute l'Allemagne, et tous les grands princes ne tiennent pas ensemble pour empêcher un malheur pareil

quier où chaque corps, chaque homme ont leur place, un rôle combiné
par la stratégie et la tactique en quelque sorte mathématiques. Ainsi le
fleuve de la puissance prussienne formé par Frédéric II, tari par la
bataille d'Iéna, est devenu un torrent. L'Alsace et la Lorraine, à nous
ravies, lui laissent une embouchure pour faire rouler en France la cas-
cade de l'invasion.

XXXI

Identité des pronostics Marie-Thérèse et Thiers.

Il n'est donné qu'aux grands esprits de lire dans l'avenir et d'en écarter le rideau au sein de l'optimisme somnolent des médiocrités. Comme
Marie-Thérèse, qui, grand roi-femme, avait discerné la solidarité des
destinées et des malheurs réservés par l'avenir à l'Autriche et à la
France, ainsi en face des utopies paradoxales de Napoléon III, des
bouffonneries oratoires de M. Rouher et du programme Lavalette et
autres Chinois de la politique, M. Thiers avait très-bien aperçu et défini
ce que la Prusse préparait à la France et à l'Autriche. Toutes les deux
devaient être victimes, l'une de la politique fanfaronne du feld-maréchal
prince de Schwartzemberg, plus soldat qu'homme d'Etat, l'autre (hélas
— la France) des Bonaparte. N'est-ce pas le dernier, qui ne se souve-
nant même plus d'Iéna et de sa première revanche, a ouvert la maison
française à la suprématie des Hohenzollern. M. Thiers a averti quand il
était temps, et possible d'aviser ; il faut se reporter au tumulte d'injures
des Cassagnac et des mêmes journalistes qui osent encore faire refluer
leurs calomnies repoussées par les événements accomplis contre leurs

qui tombera un peu plus tôt ou un peu plus tard sur tous. Depuis 37 ans, il fait le
malheur de l'Europe par son despotisme, ses violences. En bannissant tous les
principes de droiture et de vérités reconnus, il se joue de tout traité et alliance. Nous
qui sommes les plus exposés, on nous laisse : nous nous en tirerons peut-être encore
cette fois-ci, tant bien que mal... l'avenir n'est pas riant. Nous nous ressentons
déjà d'un despotisme qui agit suivant ses convenances, sans principes et avec force.
Si on lui laisse gagner du terrain, quelle perspective pour ceux qui nous remplace-
ront. »
　Quant à la suite de cette prophétie vient le défilé d'événements, d'effondrements
par la révolution, surtout par les deux empires français qui ont placé la malédic-
tion de l'Europe sur les Napoléon, on voit combien il importe d'avoir à la tête de
la direction politique, des *voyants*, non des myopes : le sort des nations en dépend
Qu'importent les bonnes intentions inintelligentes ? L'enfer en est pavé.

assurances. Plus tard celui qui s'est enroué à proclamer la vérité, à adjurer qu'on épargnât à la France ces sanglantes folies, a su tirer d'une situation faite malgré lui et qui s'imposait inévitable, des adoucissements, des remèdes, enfin une libération anticipée *dans des conditions impossibles à tout autre.* Au sein des fanfaronades impériales, il avait vu venir Sadowa et Sedan. Il fut le seul Français qui, à la tribune, planant sur l'injure débordée, comme le goëland sur la vague agitée, ose crier : Malheur ! ses conséquences sont incalculables. O aveuglement des majorités qu'hallucine une parole ministérielle : rien n'y fait, on se précipite à sa perte ; peu s'en est fallu que celle de la France ne suivît le sort de son fataliste Méphistophélès. On sait que M. Thiers a eu le privilége de rompre le maléfice et d'en relever la noble victime.

Chose inouïe et inexplicable ! Si la supériorité élevée à une hauteur sidérale n'attirait attractivement l'hommage des adversaires, de ceux-là même dont on a mieux deviné et révélé le terrible jeu, M. de Bismarck n'en a pas moins gardé et témoigné, par des faits éclatants, sa préférence pour l'illustre émule qu'il confrontait. Cela s'est surtout manifesté à la répudiation faite par le chancelier des intrigues d'Arnim contre M. Thiers. L'ambassadeur lui-même qui trompait les simples sur les dispositions de l'Allemagne, à l'égard du retablissement de la monarchie française, dans son rapport diplomatique du 8 juin 1873, était réduit à reconnaître que le 14 mai avait surtout servi les bonapartistes qui seuls (selon lui, et c'était vrai), retiraient le profit le plus palpable du récent changement.

Il en donnait un exemple frappant :

« Il y a quinze jours, continuait M. le comte d'Arnim, il était à peine convenable de se montrer publiquement avec un partisan de la dynastie déchue : c'étaient des lépreux. Aujourd'hui, il est en situation d'entretenir des relations avec le général Fleury, M. Rouher et de s'en vanter. »

Dans cette même lettre, l'homme auquel les ennemis de M. Thiers sont réduits à la triste ressource de motiver leur *indictement* sur des lambeaux découpés pour leur but, reconnaissait cependant « que l'homme spirituel de la vie duquel hier tout semblait dépendre, est établi dans son petit entresol, dépossédé de toute influence. C'est à peine si on lui témoigne, avec une mauvaise grâce, les marques d'estime qu'on lui doit. » — C'est sans doute des adorateurs officiels dont voulait parler l'ambassadeur : oh banalité des solliciteurs ! Puisque M. d'Arnim voulait bien constater : *« qu'il n'a pas cessé d'être populaire* ; mais il se peut qu'il soit vite oublié. » C'est en quoi l'ambassadeur disgracié se trompait non moins qu'à l'égard des dispositions de son gouvernement pour faciliter une restauration monarchique.

Il était plus perspicace lorsqu'il estimait que les orléanistes comptaient faire sortir de la fusion l'écart de M. le comte de Chambord ?

C'est ce qu'un grand diplomate étranger pronostiquait en ces termes : « M. de Broglie, cocher du char, mais à quoi pensent les légitimistes, il va verser leur royauté. »

L'ambassadeur disait encore ; « Quand on va au fond des choses, on trouve qu'en France il s'agit de tout autre chose que du principe monarchique. » C'est pourquoi, il estimait que les chances réunies des trois dynasties, ne pèsent pas autant que celles d'un chef militaire.

Ceux qui vont chercher dans M. d'Arnim de quoi appuyer leurs accusations, oublient celle qui est formulée contre eux et leur impuissance. C'était bien ce que leur disait M. Thiers, et ce que leur tentative à prouvé, — il n'y a que la vérité qui blesse. Mais au point où sont venues les choses, dans une telle lumière foudroyante pour les ligueurs décus qui se flattent-ils de tromper ? Ce n'est pas l'Europe, elle dépose contre eux ; ce ne sont pas les villes, leur vote est un miroir qui reflète le champ funéraire où tant d'arrogants passeront à l'état d'ombres, aux élections générales. On compte sur le paysan, et le scrutin d'arrondissement semble l'instrument de cette conquête. Erreur, profonde erreur ! Le paysan est entiché de M. Thiers ; il en est à son admiration, à cet esprit qui une fois entré dans sa tête, est comme le granit sous la piqûre du bec des coqs; tous ceux officiels peuvent griffer, ils n'en rapporteront que l'émoussement de leurs éperons qui n'ont pas la puissance des préfets bonapartistes. L'empire du fétichisme trouvait la campagne docile. L'appel buffétiste ne fera qu'accroître la défiance pour aboutir à un plus complet échec.

Toujours est-il, pour retirer la morale du rêve évanoui, de reculer la France en deçà de 1789, le revenant le plus clair pour ceux qui ont mis leur main dans celle du chef doctrinaire, au faux teint des sentiments monarchiques, c'est qu'ils ont sombré avec leurs illusions dans un océan d'impopularité.

XXXII

Enseignement d'Arnim : l'écueil et le port.

Enfin, ce qu'il importait de reconnaître et de considérer, c'était non la pensée et le désir de M. d'Arnim, mais bien le but résolu de M. le prince de Bismark, dans la main duquel est la paix ou la guerre. Eh bien, à défaut de la force, qui peut seule l'affronter, il faut demander au sortilége de l'habileté de l'homme d'Etat d'accomplir ce que l'on demanderait vainement à l'épée des plus braves.

Car, malgré tant de discours, de comités sous la main de la direction ministérielle, nous n'en sommes qu'à l'ébauche de l'intendance d'une organisation militaire,—sur d'anciens errements. Voici qu'on est moins engoué du volontariat, dont on commence à reconnaître l'insuffisance,

signalée en vain par M. Thiers : Nous n'en sommes qu'aux rudiments,
en regard de l'ensemble de perfectionnements réalisés par Moltke et
cette pléiade de grands généraux dont il est le César.

XXXIII

Saines idées de M. Thiers sur notre reconstitution militaire.

M. Saint-Genest au sujet des fautes commises par la Chambre pla-
çait un aveu remarquable sous sa plume. Selon lui, le seul bien obtenu,
on le doit à M. Thiers. C'est qu'une Assemblée compte d'ordinaire peu
d'hommes versés dans ces matières, propres à résoudre les grands
problèmes financiers et politiques. L'écrivain du *Figaro*, en cette grave
circonstance, rendait à l'ex-président une justice qui ne supporte pas
de démenti.

Depuis, dans un sens encore plus général, M. Magne, un des prin-
cipaux ministres du 24 mai, a mieux accentué encore l'hommage à tous
les grands services de M. Thiers. Aussi il n'y a plus qu'à répéter cette
épigraphe de Bossuet comme texte d'un de ses monuments oratoires :
» Et maintenant soyez instruits. »

Telle fut la conséquence d'un intempestif étalage, plus vaniteux que
politique, hors-d'œuvre qui n'échappa pas à la prévoyante sagesse de
l'ex-président. Il avertit en vain. — Puis est venu le péril contre lequel
il a si patriotiquement, si heureusement réagi, comme chacun le sait
sur les échos même félicitatifs de l'Europe. Nouveau fleuron à ajouter
à la couronne de la reconnaissance du pays. Celle-ci n'est pas un
mot d'adresse, mais la vibration du cœur national.

Voilà ce qu'amènent les fausses situations. On a échappé aux conséquences de celle-ci, le grand citoyen, resté en dépit de la majorité le
diplomate accrédité par la France, y a eu la plus honorable part.

XXXIV

La question religieuse, redoutable thèse de l'avenir,
surtout pour l'élection du successeur de Pie IX.

Mais il ne faut pas que la leçon soit perdue ; d'autres circonstances se produiront, il y a tant de questions à l'horizon, sans compter la grande lutte engagée entre Rome et la plupart des gouvernements. La mort du saint-père, sans nul doute, marque le moment où elle prendra de nouvelles proportions. Le soupçon, intéressé surtout, ne manque jamais de s'autoriser des antécédents qui montrent deux langages et des attitudes contraires : l'humiliation se glisse à leur suite. Un des plus grands personnages de l'Europe, au sujet de la chute de M. Thiers et du gouvernement de combat qui prétendait sauvegarder, par l'intimidation, ce que son prédécesseur avait créé par la mesure dans la conciliation disait : « Fournir un motif au soupçon de Berlin, c'est un péril ou une reculade ; laissez les trompettes belliqueuses pour une sage politique et une habile diplomatie. »

L'avènement d'hommes tels que M. de Broglie, cassant d'abord, réveillant par ses affinités d'anciennes suspicions de l'Allemagne, contre laquelle c'eût été folie de se heurter, l'improbation que lui et ses confédérés, en maintes occasions, au moins par leurs journaux, reportaient à la prétendue insuffisance de la protection au saint-siége, devint une autre infirmité de leur situation, relativement à V. Emmanuel et à M. Bismarck. Bientôt sonne la charge contre le cléricalisme du gouvernement qui remplaçait M. Thiers. Le langage de l'opposant se retournait contre le ministre, qui, nous n'en avons pas le moindre doute, l'eût habilement oublié dans la direction à imprimer à sa politique extérieure. Malheureusement, il ne suffit pas qu'une chose ne soit voulue ni tentée par un gouvernement quand elle répond aux passions des adhérents, on la lui impute ; l'étranger, tenant peu de compte des protestations à huis-clos, agit en prenant texte des apparences et du proverbe : Dis-moi qui tu hantes, je te dirai qui tu es. C'est l'explication de bien des chutes, même des guerres. Le plus grand nombre attache aux personnes une portée, une signification qui échappe, quant aux principes, jusqu'à la hauteur desquels, bien peu sont capables de s'élever et d'en peser les conséquences.

Cette remarque trouve sa confirmation dans l'importance croissante que prend la question religieuse, loin, hélas ! d'avoir dit son dernier mot 1.

1. Il faut suivre ce mouvement dans les feuilles étrangères les plus accréditées de l'Angleterre, terre de la tolérance, de la Russie en progrès libéral, de l'Allemagne, ce foyer de la philosophie et des sciences exactes; il faut coordonner les mesures des gouvernements, y compris celui de l'Italie catholique, de la Bavière, cette colonne de l'église romaine dans la Germanie, enfin reporter les yeux au-delà de l'Atlantique pour mesurer la gravité des problèmes que pose un prochain avenir. Hé bien, c'est là qu'importent le tact, les ressources déliées d'un génie politique. Le sabre n'y peut rien : il doit se dissimuler jusques dans son fourreau. La science, la diplomatie, la revendication de la tolérance, au nom de l'esprit moderne, sont d'une autre efficacité que les fureurs inquisitoriales de M. Louis Veuillot. On n'a pas oublié que cet énergumène n'a pas craint, nouveau Titan, de déclarer la guerre aux dieux de l'Olympe catholique, tels que MM. Dupanloup, de Montalembert, Cochin, le Saint Vincent de Paule du siècle. L'*Univers* semble un cratère de l'indignation ultramontaine implacable qui, dans ses éruptions volcaniques, emporte la

XXXV

Les difficultés de la tâche de M. Thiers.

Au moment où la France penchait sur le bord de l'abîme, aucun de ceux qui pouvaient attirer son regard plein d'angoisse n'offrait un si complet ensemble de dons, d'aptitudes, d'autorité acquise au dehors : tel fut le talisman de M. Thiers pour la garantir de l'écueil et la ramener au port.

Quelle œuvre ingrate en 1871 lui fut dévolue ! tout manquait : un gouvernement, des hommes, l'organisation, l'administration, les finances; c'était une déroute : les armées, les arsenaux épuisés, la foi nationale s'éteignait sous le découragement, suite de tant de revers. Ceux qui ont élevé le plus haut leurs critiques depuis, ont oublié leurs sinistres prophéties frustrées par l'habileté de l'homme d'Etat.

Encore la débandade intérieure, compliquée de la guerre de la Commune et de l'occupation prussienne, n'était pas toute la difficulté, il y avait l'étranger ; sa bienveillance à gagner, le rapatriement de nos soldats prisonniers, sans le retour desquels, l'ordre, la liberté, la nationa-

charité sous ses laves de furibonde intolérance. Ainsi les décombres, les ruines, les haines accumulées par le fléau de cette éruption d'intolérances, non-seulement ferment l'accès de l'église aux libéraux qualifiés d'apostats, mais ce qu'il y a de plus grave, c'est l'irritation des puissances, soit hérétiques, soit schismatiques. Le moyen de leur faire admettre que leur sceptre doit s'incliner devant la tiare, que le pouvoir de Rome doit surmonter le leur. Là se redressera toujours l'esprit de Guillaume le Conquérant qui, pendant que son frère d'Allemagne implorait à genoux son pardon du pontife, disait lui ne relever que de Dieu et de son épée. Et peut-on attendre autre chose des trois grandes puissances de l'Europe, et même de l'Autriche, sortie de la main impériale pour passer sous les rênes constitutionnelles ?

Une simple conjecture va montrer la fausse situation où la doctrine de M. Veuillot place le catholicisme; elle ne le sert pas, mais le compromet.

Que la doctrine de M. Veuillot s'étale au pouvoir, qu'elle saisisse le gouvernement dans sa main orthodoxe; alors de deux choses l'une : ou elle s'apostasiera elle-même sous la nécessité, ou elle effrontera une guerre formidable. Belle alternative : la première déshonore, la seconde crucifie la nation. Les belles maximes, le mysticisme conduiraient le peuple à l'abattoir; ces gages seuls ne donnent pas la victoire, ce sont les gros bataillons et d'habiles généraux. Un Archimède politique, doit en tenir compte, avant de céder à l'entraînement des pieuses prosopopées. Tel est le péril auquel on ne peut échapper que par le secours de l'archange Michel, et de ses légions. M. Veuillot et ses suivants nous montreraient-ils le pacte céleste qui nous les assure ?

lité pouvaient naufrager. S'imagine-t-on les implacables Zoïles qui ne pipaient mot, sauf à darder plus tard la langue de vipère, ayant à rencontrer la hautaine méfiance du vainqueur? On a accusé M. de Bismarck de chercher des prétextes : Eh bien, là, on lui eût fourni une belle fin de non-recevoir, qui ne comportait pas la réplique ; était-ce l'atome d'un sept-cent cinquantième de la représentation nationale considérée individuellement, était-ce son hétérogénéité de vues, si on la prend dans l'expression de l'ensemble, susceptible d'accomplir cette tâche? C'eût été la toile de Pénélope. Il n'y avait pas de dévideur en état de débrouiller un écheveau aussi noué que celui-là. On peut le dire dans des discours, sous le chaperon de la vanité ; on se pose en dieu de l'Olympe, alors qu'on est pas même la mouche du coche. A qui en impose-t-on? qui ignore qu'un corps à vues, à esprits, si contraires, ne fonctionne pas avec la régularité de la mécanique à vapeur? Encore de tant d'orgueilleux phaétons aspirant à conduire le char de l'Etat, quel est celui qui alors eût pu se flatter de ne pas verser sur la route? Elle était pavée ou plutôt ravinée par des hostilités, des indifférences, des suspicions, qui formaient, autant d'ornières, de chutes sur les parcours à franchir ; il est facile de dire après coup : j'en aurais fait autant. Mais alors, pourquoi restiez vous muets, inactifs au jour des embarras? La grande supériorité de M. Thiers, outre ce qu'il a en lui-même, c'était dans sa longue carrière, d'avoir contracté en Europe ces relations que nul homme en France ne possède à ce point. Est-ce contestable, et les preuves ne tombent-elles pas chaque jour en faits notoires? C'est parce qu'il avait l'amitié, la confiance des hommes considérables qu'il a pu négocier et obtenir, ce qu'un autre eût tenté en vain. Voilà qui est établi par tous les documents diplomatiques. L'esprit de parti de tous les plus déterminés adversaires, peut nier la vérité. Qu'importe ! elle s'impose et plane au-dessus des vaines clameurs de la calomnie [1].

Ceux qui ont renversé M. Thiers, vainement lui imputent à tort ce qui lui attire l'hommage universel et sa gloire restera. L'homme d'Etat poursuit sa mission, insensible aux clameurs. On lui a reproché par exemple, le maintien de MM. J. Favre, Picard, Jules Simon, ces pré-

---

1. M. Thiers était le seul français qui put se trouver avec M. de Bismark dans la liberté de langage et à un niveau d'égalité. Le chancelier se laissait gagner par ce charmeur de sens, l'ascendant de ce vaste esprit qui rend sensible les réalités en écartant les phrases et les chimères. Quoique le fonds des demandes germaniques ne put être écarté, encore des adoucissements, des facilités ont été accordées à la seule considération de M. Thiers. Aucun Français n'a combiné à ce point l'expérience, le bon sens pratique qui connaît la limite et la portée des choses à poursuivre, avec l'autorité sur les hommes d'État de l'Europe, dons si nécessaires pour le succès de la difficile tâche confiée à M. Thiers.

Les deux dernières années de sa vie complètent le diadème de sa gloire.

Voilà le témoignage de tout ce qui dans le monde à une délicatesse de sentiment, un rayonnement de la vérité, une ombre de conscience.

Et maintenant peuple français : soyez instruit, et sachez ce que vaut la voix discordante des égarés par la fausseté du jugement ou de ceux qui font consister la politique dans l'acaparement des positions officielles, sans souci du reste !

tendus monstres du 4 septembre. Avoir proclamé la déchéance de l'homme de Sedan, que la défaite avait découronné sans lui laisser l'honneur comme au vaincu de Pavie, pris l'épée à la main ; avoir été les simples porte-voix de l'arrêt de Dieu, avoir songé à la France au lieu de la sacrifier de nouveau au prince de la chair alarmée, qui avait imploré de Guillaume une capitulation où il devait rendre l'épée napoléonienne tombée en quenouille de honte, quel crime ! Mais il a solidarisé dans sa confirmation toute l'Assemblée nationale de Bordeaux, moins quelques rares voix. — Passons. — Après la lumière faite par tant de documents historiques, par les aveux de Louis-Napoléon lui-même, quel nom donner à ces récits frelatés qui veulent imprimer dans l'ignorance que l'empereur a été trahi ? Soit. — Mais c'est par lui-même aussi traître à la France, par son usurpation du 2 décembre 1851, que par sa reddition, ou il n'a pris conseil que de son intérêt, c'est-à-dire de sa terreur. Cambronne qui, à la tête de la garde, lanciez votre fière réponse à la sommation du vainqueur, qu'eussiez-vous dit du neveu ? L'écho de votre héroïque parole se perd dans la demande de la capitulation de Sedan, cette tache ineffaçable ! quel constraste avec Napoléon Ier, dans la fatale journée qui a clos sa carrière belliqueuse ! Soult l'empêcha de courrir à la mort dans une glorieuse mais inutile charge contre le canon anglais.

Nous avons dit ailleurs la part que Jules Favre a prise au traité du 10 mai 1871 où il fut député avec M. Pouyer-Quertier, à Francfort, auprès du prince de Bismarck. M. de Valfrey nous apprend que c'est à l'énergie et à l'éloquence de l'orateur diplomate qu'on dut le retrait d'une proposition du chancelier d'Allemagne, blessure mortelle pour la France. Un sabre, par exemple, puisqu'on veut toujours des sabres, aurait fait inévitablement sortir du fourreau celui qui nous avait été si fatal. Les considérations de l'éloquence émouvante eurent plus de pouvoir et rencontrèrent une faveur qu'on eût refusé à tous les généraux qui ne pouvaient alors avoir ni la parole, ni le crédit ; on l'a trop oublié.

XXXVI

M. Thiers, historien, conférencier, causeur. — Ses récits et jugements militaires.

Et à ce propos, dans le domaine militaire, quelle plus étonnante faculté que celle dont M. Thiers est doué à cet égard !

On dirait qu'il porte fraîchement imprimés dans sa mémoire les tableaux, les champs de bataille, la topographie, la stratégie et la tactique que les hommes du métier ne retrouvent qu'avec les cartes sous leurs yeux. L'historien de la révolution et de l'empire a daguerréotypé les combats, on croit y assister ; mais sa conversation en retrace avec la fidélité d'un miroir les dispositions, les charges, les accidents ; la vivacité brillante de l'expression s'unit à l'exactitude des souvenirs. Après la description vient la démonstration qui, sur cet échiquier où les hommes remplacent les dés, laisse voir comment l'on gagne ou l'on échappe la victoire.

Mais l'homme d'État qu'ont consacré tant de prévisions accomplies, les triomphes oratoires, les palmes de l'Europe, n'a-t-il pas eu les légitimes honneurs du Capitole français aux acclamations de la représentation nationale : « Qu'il avait bien mérité de la patrie. » Au jugement du prince de Gortchakoff, du prince de Bismarck, du comte Beust, de tous les hommes d'Etat anglais si compétents, M. Thiers n'a pas d'émule en France. Cette voix du sénat des intelligences est aussi *vox populi*. Il n'y a qu'une presse prise de la rage de la haine qui puisse nier l'évidence. Nul autre n'a poussé si loin les études expérimentales sur la politique extérieure. Savoir les tendances, les mobiles, les secrets des cabinets, le bilan des forces, des ressources de chaque Etat, le jeu des rivalités, les points d'entente et de divergence, être en commerce intime et journalier avec le personnel qui doit faire mouvoir et équilibrer le jeu de tant de ressorts, n'est pas une tâche d'une médiocre importance : la grandeur ou la décadence dépend de la manière, du soin dont elle est remplie. Ne rien laisser au hasard de ce que peuvent prévoir et régler la sagesse et la prudence, voilà le précepte de l'aigle de Meaux : aux capitaines la guerre, aux magistrats la justice, aux hommes d'Etat le gouvernement.

Confondre des compétences, c'est laisser la réalité pour courir après l'ombre ; trop souvent au bout de la méprise est l'abîme.

Qui y prend garde et éprouve le remords de son incapacité parmi tant d'ambitieux vulgaires qui prétendent dérober un portefeuille ? La plupart pourraient y graver comme armes parlantes leur suffisance sur le champ de leur insuffisance.

Mais avec M. Thiers, c'est le jet d'une flamme électrique. Ainsi s'explique cet ascendant qu'avaient prophétisé Talleyrand au regard profond, scrutateur qu'on ne trompait pas, Lamartine qui n'était pas seulement un poëte sublime, mais le voyant de l'avenir, dont si peu ont la prescience. Cette tête large comme celle de Cuvier et de Napoléon Ier est une encyclopédie qui contient tout. Chacune des questions les plus ardues trace sur les lèvres du causeur intarissable le verbe limpide où se réfléchit le sujet.

XXXVII

L'hôtel Saint-Georges, centre europeen.

L'hôtel Saint-Georges est le rendez-vous de toutes les illustrations, à commencer par les représentants diplomatiques, les ministres étrangers, les savants; tout ce qui joue un rôle, a un nom, vient à ce centre européen. C'est là que l'on trouve le mot de bien des énigmes du présent et l'horoscope de l'avenir, le pourquoi de toute chose [1]. Les observations tombées des lèvres de l'hôte vont loin dans leur portée européenne. C'est que le goût que l'on a pour l'infatigable charmeur de ce temple de l'esprit, tient non moins à la sûreté de son commerce qu'à la variété de ses dons intellectuels. Tel est le pur or que l'inexpérience envieuse a détaché du gouvernail de la France; la suite a montré la futilité des motifs et l'étendue de la faute.

XXXVIII

L'étoile de M. Thiers resplendissante à l'horizon europeen.

Aussi l'envie a eu beau distiller son venin et la calomnie répandre ses ombres, l'étoile de M. Thiers n'en est apparue que plus brillante au ciel national. Bien plus, l'Europe, ses organes, ses souverains, les hommes d'Etat, n'ont pas manqué une occasion de manifester leur

---

1. Mots appliqués à l'hôtel Geoffrin si célèbre au xviiie siècle. Le marquis d'Étampes auquel il appartenait sous la Restauration y réunit les deux sociétés royaliste et libérale. C'était un des élysées de la causerie de cette époque si animée. Quarante-cinq ans se sont écoulés depuis l'entrée de l'auteur ramené attractivement à ce souvenir de sa jeunesse.

Aussi ne se lasse-t-on pas de puiser dans le trésor de tant de bon sens et d'esprit. C'est le style, les saillies, la justesse d'expression du xviiie siècle au service de l'homme d'Etat rompu aux affaires. Les études incessantes dont une méthode mer-

particulière estime pour l'homme auquel il a été donné de prévoir
avec tant de clairvoyance, de réparer avec tant de succès. C'est que
sur la scène où il avait le premier rang, même en dehors du pouvoir, il
n'y a personne qui l'égale dans la connaissance des ressorts de la politique et la solution de ses problèmes. En est-il un qui soit aussi initié
aux mobiles secrets des cabinets, aux vues des acteurs avec lesquels
le chef élu d'une République, bien plus qu'un souverain héréditaire,
est obligé de conférer, de se mesurer incessamment? Pour cela il faut
ce coup d'œil qui va au delà de l'horizon des frontières et du temps.
M. Thiers en a donné maintes fois le témoignage, surtout en ce qui
concerne l'Italie, l'Allemagne, l'Espagne, le Mexique, l'Orient.

Ah! si ceux qui convoitent et acceptent légèrement ces hauts postes,
faisant leur propre examen, se demandaient ce qu'ils exigent de
supériorité et de facultés diverses, — ils en déclineraient la responsabilité. Rien n'est plus commun que de voir les ignorants pris de
superbes prétentions, appeler à la barre de leur infimité lilliputienne,
pour le condamner, celui qui a sauvé le pays que leurs patrons avaient
compromis. Leurs hyperboles ne pouvaient tenir lieu des canons Krupp
et du génie de la politique. A eux le triste mérite de la désorganisation dans le domaine des rêves que fuit la réalité. La pratique des
hommes et des affaires seule laisse discerner les possibilités, car l'utopie c'est le mirage.

Il fallait donc la partialité de l'esprit de parti dans sa plus mauvaise
acception pour prétendre exclure du temple des lois, — car ce fut une
de leurs propositions, — la parole lucide la plus propre à les définir.
En effet, ce n'était pas un chef de parade, mais le flambeau indispensable, surtout dans cette absence d'institutions et dans la nuit où la
Chambre et la France se trouvaient enveloppées. Enfin l'ennemi occupait le sol, bloc d'achoppement, dont le maréchal de Mac-Mahon a été
délivré, grâce aux soins de son habile prédécesseur.

veilleuse centuple la puissance, une activité incomparable qui se joue du sommeil,
le soir la société européenne dont le salon et le charmeur sont depuis longtemps
le centre attractif où se déroule le panorama de la pensée humaine : voilà ce qui
caractérise cette personnalité unique qui a accompli de si grandes et diverses choses ;
ce salon seul suffirait à une célébrité historique. Mais celui-ci est un musée en permanence des illustrations vivantes, où l'art, la littérature, la politique viennent entrelacer leurs lauriers sur la même tête. Ah! pourquoi l'immortalité de la mémoire
séculaire n'est-elle pas un privilége qui s'étende à la vie terrestre de tels hommes !
Voilà des étoiles qui ne devraient pas être ravies au monde. Tout passe comme la
vapeur : mais les services font plus que d'élever des statues, ils laissent leur souvenir dans le cœur du peuple qui oppose sa reconnaissance à l'envie.

XXXVIX

Les dons d'un chef politique.

Voilà, suivant un des plus grands génies du xviie siècle, quelques-unes des conditions qu'exige le gouvernement aux époques normales, *à fortiori* lorsque tout est à rétablir.

« Que de dons du ciel ne faut-il pas! L'esprit facile, insinuant, le cœur ouvert, sincère et dont on croit voir le fond, très-propre à se faire des amis, des créatures et des alliés; être secret et profond; de la brièveté jointe à beaucoup de justesse, soit dans les réponses aux ambassadeurs des princes, soit dans les conseils; le discernement des esprits, des talents et des complexions pour la distribution des postes et des emplois; le choix des généraux et des ministres; un jugement ferme, solide, décisif dans les affaires, qui fait que l'on connaît le meilleur parti et le plus juste; un esprit d'équité, qui fait qu'on le sent jusqu'à prononcer quelquefois contre soi-même; une mémoire heureuse et très-présente; une vaste capacité qui s'étende non-seulement aux affaires du dehors, au commerce, aux maximes d'Etat, aux vues de la politique, mais qui sache aussi se renfermer en dedans, et comme dans les détails de tout un royaume. »

Devant ce tableau formé des traits épars tombés de la plume d'un grand maître, chacun reconnaîtra l'homme d'Etat français qui traduit le mieux ce modèle. La question posée à la France, à l'immense majorité, ferait acclamer M. Thiers.

Le moyen d'oublier que le libérateur, écarté parlementairement de la conduite du peuple dont il était l'élu, n'a cessé de lui montrer la terre promise. S'il ne devait pas y entrer en tête, préséance fondée sur tant de titres, au moins a-t-il eu une satisfaction, la plus douce qui puisse échoir au grand patriote. Ses improbateurs n'ont trouvé rien de possible en dehors de sa voie. Bon gré, mal gré, il leur a fallu accomplir l'œuvre qui faisait bondir leur irritation. Le 25 février est venu en dépit de leur résistance. Ceux qui ont mis sous ses fondements tant de mines, qui, aujourd'hui que la maison de la sécurité est faite, prétendent la battre en brèche par le bélier de la révision révolutionnaire, hé bien! ce sont ceux-là qui veulent l'administrer, la gouverner, la posséder exclusivement. De là, cette chasse aux sénatoreries, mandats législatifs, ambassades, préfectures. C'est pour servir

la France, disent-ils, qu'ils s'adjugent les monopoles de la centrali-
sation, de la candidature officielle, le choix des maires et la clémence
de l'état de siége. Devant ces souvenirs, ces contrastes, comment s'é-
tonner que le peuple reporte ses sympathies sur celui que l'Europe a
proclamé :

Le libérateur,

Le régénérateur,

Le pacificateur.

Triple fleuron de la plus belle couronne civique dont il n'y a qu'un
autre exemple dans l'histoire. Encore faut-il le chercher au-delà de
l'Atlantique. A ses extrémités, deux noms se dressent :

WASHINGTON,   THIERS [1].

ÉPILOGUE.

Puisque ces lignes sont écrites à la veille de la lutte électorale, nous
ne saurions trop adjurer les électeurs d'y prendre garde. Ils écarteront
les hommes de parti, les douteux, pour choisir des mandataires aux
vues larges, élevées, patriotiques. Le salut est à ce prix. — Ces candi-

1. Déjà l'opinion messagère de l'histoire s'est ralliée autour de l'homme illustre
qui apporte tant d'esprit à l'œuvre du patriotisme. L'historien précéda l'orateur
qui à son tour annonce l'homme d'Etat pour les confondre dans la solidarité d'une
double gloire, par l'éloquence et les actions.
Voilà celui qui du cœur de ses concitoyens se présente vivant à la consécration
qui d'ordinaire ne se place que sur une tombe. La reconnaissance se manifeste par
toutes les voix, jalouses de porter l'hommage à la supériorité intellectuelle qu'en
cerclent les vertus publique. Qu'y a-t-il de plus grand que de posséder l'âme d'un
peuple et les applaudissements des nations, avec l'estime de celle qui hier était
notre ennemie ?
C'est qu'il est un sentiment d'universelle d'admiration pour le génie, auquel seul
il est donné de sauver quand l'epée de la victoire s'est échappé des mains du guerrier. Comme l'a dit Gœthe *le germanique* : « La pensée garde toujours sa couronne
immortelle, quant au reste dans quelle poussière l'avez-vous pris hier, dans quelle
poussière la laisserez-vous demain ?
Vraie et imposante remarque! Tout s'évanouit et s'efface en effet, excepté la
la gloire.

dats sont faciles à reconnaître au rayonnement de l'étoile dont ils veulent faire leur orientation.

La publication suivante de cette galerie, montrera M. Thiers tenant le fil le plus propre à sortir la France du labyrinthe de la confusion intérieure et des complications extérieures. Oui, on ne saurait trop le répéter, ce n'est ni l'esprit de réaction, ni celui de la révolution, mais bien le patriotisme désintéressé qui peut régénérer. Les partis s'absorbent dans leur étroite préoccupation. Il faut des réformateurs de tant de routines, d'abus qui sont une plaie et une honte. Pour cela il importe de mettre au rebut les vieilles horloges détraquées d'une politique, dont l'aiguille tordue, à force d'aller en avant, en arrière, ne marque plus l'heure du temps, et ne saurait en comprendre et en exprimer ni les aspirations ni les besoins.

Imprimerie Eugène Heutte et C°, à Saint-Germain.